ENSAIOS APÓCRIFOS

CONSELHO EDITORIAL

André Luiz V. da Costa e Silva

Cecilia Consolo

Dijon De Moraes

Jarbas Vargas Nascimento

Luíz Augusto Barbosa Cortez

Marco Aurélio Cremasco

Rogerio Lerner

Blucher

ENSAIOS APÓCRIFOS

a-bordagens psicanalíticas

Ana Paula Gianesi
Conrado Ramos

Ensaios apócrifos: a-bordagens psicanalíticas
© 2023 Ana Paula Gianesi, Conrado Ramos
Editora Edgard Blücher Ltda.
Série Dor e Existência, organizada por Cibele Barbará,
Miriam Ximenes Pinho-Fuse e Sheila Skitnevsky Finger

Publisher Eduardo Blücher
Editores Eduardo Blücher e Jonatas Eliakim
Coordenação editorial Andressa Lira
Produção editorial Thaís Costa
Preparação de texto Ana Maria Fiorini
Diagramação Guilherme Salvador
Revisão de texto MPMB
Capa Laércio Flenic
Imagem da capa iStockphoto

Blucher

Rua Pedroso Alvarenga, 1245, 4º andar
04531-934 – São Paulo – SP – Brasil
Tel.: 55 11 3078-5366
contato@blucher.com.br
www.blucher.com.br

Segundo o Novo Acordo Ortográfico, conforme
6. ed. do *Vocabulário Ortográfico da Língua
Portuguesa*, Academia Brasileira de Letras, julho
de 2021.

É proibida a reprodução total ou parcial por
quaisquer meios sem autorização escrita da
editora.

Todos os direitos reservados pela Editora Edgard
Blücher Ltda.

Dados Internacionais de Catalogação
na Publicação (CIP)
Angélica Ilacqua CRB-8/7057

Gianesi, Ana Paula

Ensaios apócrifos : a-bordagens psicanalíticas /
Ana Paula Gianesi, Conrado Ramos. – São Paulo :
Blucher, 2023.

306 p. (Série Dor e Existência)

Bibliografia
ISBN 978-65-5506-577-0

1. Psicanálise I. Título II. Ramos, Conrado

23-3871 — CDD 150.195

Índice para catálogo sistemático:
1. Psicanálise

Sobre a Série Dor e Existência

A presente série se dedica a publicar livros que tratam das dores da existência no contexto dos fenômenos sociais e políticos contemporâneos, tendo como referencial a teoria e a clínica psicanalítica em diálogo com outros discursos. Abordar esses fenômenos não para catalogá-los, mas essencialmente interrogar aquilo que os determina e, principalmente, cingir suas incidências subjetivas e os modos possíveis de respostas em face do Real, ou, de outra forma, os modos de "resistir, para seguir vivendo", como diz a música popular.[1]

Nos idos de 1930, Freud[2] ressaltou que, apesar dos inúmeros benefícios que o processo civilizatório nos proporciona, ele também é fonte inesgotável de dissabores e mal-estar. Viver inserido na civilização implica em renúncias, privações e adiamentos, que ocasionam perda de satisfação e limitam sobremaneira a ânsia humana por felicidade. Estruturalmente restringida, a felicidade só é alcançada

---

1 *"Resistiré, para seguir viviendo"*, no original. "Resistiré", canção composta por Carlos Toro Montoro e Manuel de la Calva Diego.

2 Freud, S. (1930/2010). O mal-estar na civilização. In S. Freud, *Obras completas* (Vol. 18; pp. 13-122; P. C. de Souza, Trad.). Companhia das Letras. (Publicado originalmente em 1930)

em momentos breves e esporádicos, enquanto o sofrimento é uma constante que nos ameaça a partir de três fontes principais: as forças prepotentes da natureza, a fragilidade de nosso próprio corpo e as relações com os outros seres humanos dada a insuficiência das normas que regulam os vínculos afetivos e sociais. Freud considerou esta última fonte o sofrimento que mais nos deixa estremecidos.

Dos tempos de Freud para os nossos, poder-se-ia esperar que o sofrimento humano tivesse sido abrandado graças às melhorias e às notáveis conquistas nos campos científico, tecnológico, econômico e até social. É um paradoxo, mas as pessoas não parecem mais felizes que outrora. Em uma época vetorizada pelas conquistas de mercado, ou seja, produção-consumo-descarte tanto quanto possível, as pessoas se sentem cada vez mais pressionadas a ser produtivas, competitivas, eficientes e bem-sucedidas, em paralelo ao desmantelamento dos laços sociais e do sentido de pertencimento a uma determinada comunidade ou grupo. Sem contar com o anteparo das redes e dos mecanismos de solidariedade e apoio comunitário, as pessoas certamente se encontram mais vulneráveis. Promovem-se assim pensamentos e relações de teor mais individualista em que o consumo de objetos acena como a principal fonte de satisfação e realização. Em vez da prometida felicidade oriunda do progresso, redobram-se os alertas para o aumento significativo das taxas de depressão, suicídio e obesidade. Por toda parte, queixas de solidão e liquidez dos laços sociais.

Decantadas por filósofos e artistas, as dores da existência são inerentes à condição humana diante da constatação da vida como pura e insuportável contingência, sem sentido *a priori*. Para Lacan, a dor de existir irrompe no momento extremo, limiar em que se esgotam para o sujeito todas as vias do desejo, quando nada mais o habita "senão esta existência mesma, e que tudo, no excesso do sofrimento, tende a abolir esse termo inextirpável que é o desejo de viver".[3] Na última fronteira da existência nua e crua, há o despertar para o Real. Porém, a dor de existir denota também uma face humana, que ocorre com a perda inaugural no momento de entrada no campo da linguagem, que imprime em nós as suas leis, os seus limites na falta do significante último da existência, mas que nos concede, em contrapartida, nessa falta mesma, o desejo para nos sustentar para além desse ponto intolerável da existência. Logo, a dor de existir é constituinte de nossa humanidade, em que estamos sempre no risco da perda.

Se Freud apontou que viver em sociedade cerceia nossas pretensões de satisfação, ou seja, nossas possibilidades de gozo, Lacan, por sua vez, considera que a perda de gozo não se deve à sociedade, mas ao fato de sermos seres falantes, "maldição que o discurso, antes, modera", ponderou Colette Soler,[4] em livro que abre esta série. Logo, o discurso é tanto fonte de sofrimento quanto de tratamento possível para as dores da existência. Eis aí um dos grandes paradoxos humanos: se a existência não tem sentido em si mesma e não há nenhum sentido a ser encontrado, sobra para cada um a invenção dos modos possíveis de se continuar vivendo.

Entretanto, há situações extremas, adventos do Real, que levam o sujeito ao esgotamento das vias de seu desejo. A dor irrompe nesse ponto limite arrasando os ideais e as ficções de si mesmo, restando simplesmente a crueza da existência quando todo o desejo nela se desvanece. Poderá o sujeito resistir? De que modo ou por quais vias?

Importa-nos justamente levar ao público títulos que tratam, em suas diferenças, das dores que acompanham as situações-limite – perdas radicais, violência, racismo e outras intolerâncias e abusos diversos –, considerando que a patologia do particular está

---

3 Lacan, J. (1958-1959/2016). *O seminário, livro 6: o desejo e sua interpretação* (p. 133; C. Berliner, Trad.). Jorge Zahar.

4 Soler, C. (2021). *De um trauma ao Outro* (p. 25). Blucher.

intrinsecamente relacionada com as patologias do social. Sem a pretensão de esgotar essas situações e seus efeitos disruptivos, desejamos que cada livro possa contribuir para enlaçar e intercambiar saberes e experiências, na aposta de que algo sempre se transmite, ainda que com furos e, às vezes, de modo artificioso.

Cibele Barbará,
Miriam Ximenes Pinho-Fuse
e Sheila Skitnevsky Finger

Organizadoras da Série Dor e Existência

Prefácio
A ousadia do pensamento crítico

Carla Rodrigues

Uma das marcas da recepção da psicanálise lacaniana é a repetição exaustiva dos seus aforismos, aqui entendidos como frases extraídas de seus seminários e tornadas por quem as repete uma espécie de síntese perfeita do seu ensino. Alguns dos exemplos mais comuns são "não existe relação sexual", "o psicanalista se autoriza de si mesmo e de alguns outros", "a ética da psicanálise é a ética do desejo", "a mulher é não-toda", para ficar apenas com as mais frequentes na minha amostra particular. Em geral, os axiomas operam como uma comprovação por si mesmo que, portanto, não estão abertos nem a questionamentos. Dentre essa pequena coleção, um dos meus favoritos é o enigmático – e talvez menos popular – "Que se diga fica esquecido por trás do que se diz no que se ouve", retirado de "O aturdito". Vou tomá-lo como argumento central deste breve prefácio, cujo objetivo espero poder tornar mais compreensível ao longo desse texto.

A partícula "que se diga" se refere à importância da voz, da enunciação, em contraponto ao que está sendo dito, ao sentido cuja centralidade é característica dos discursos. "Que se diga", portanto, é a partícula que nos convoca a ouvir, a não esquecer, a não sucumbir na escuta do sentido. Escolhi esse aforismo porque me parece muito fácil, ao prefaciar uma obra, pretender de antemão oferecer aos leitores algum sentido já compreendido por quem já pôde ler o livro. A primeira coisa a evitar, aqui, é esse gesto de atribuição de sentido justamente para que a partícula "que se diga" possa mostrar toda a sua potência.

Ana Paula Gianesi e Conrado Ramos são duas vozes a serem ouvidas na imensa cacofonia da psicanálise contemporânea, em especial na ruidosa psicanálise de matriz lacaniana. Em primeiro lugar porque dizem da necessidade de um pensamento crítico que confronte a teoria psicanalítica com seus furos, suas lacunas, suas dificuldades com questões como racismo, feminismo, transfobia ou herança colonial. São esses os temas principais dos ensaios que compõe o livro, escrito por dois psicanalistas que ousam não atribuir à psicanálise a capacidade de explicar tudo e, por isso, expõem no livro a premissa de que, sem interlocução com outros autores, teorias ou práticas, a teoria psicanálise definha. Como um homem do seu tempo, Lacan se serviu da antropologia estruturalista, da filosofia de matriz grega, da arte, da poesia, da matemática, da literatura, do pensamento oriental... a lista é longa. Hoje, uma psicanálise à altura da subjetividade do seu tempo pode se servir da teoria *queer*, dos estudos descoloniais, antirracistas, da teoria feminista... a lista também é longa, infelizmente tantas vezes ignorada.

São essas as interlocuções que fazem com que o que se ouve neste livro sejam vozes críticas, numa abordagem decisiva porque singular. De novo, a partícula "que se diga" tem grande importância, porque *Ensaios apócrifos: a-bordagens psicanalíticas* propõe interromper a repetição do que se diz – ao modo do comentário, da exegese ou da interpretação – para que algo de novo possa ser dito sem ficar escondido no que se disse, sem temer a ousadia do pensamento crítico.

A rigor, "pensamento crítico" é uma redundância, porque todo pensamento digno desse nome deveria ser, por princípio, crítico. Mas no campo da psicanálise lacaniana, é sempre necessário marcar o acontecimento – aqui na concepção mais radical do conceito filosófico – quando o que se ouve é da ordem da crítica, e por isso capaz de interromper a mera repetição, sobretudo aquela travestida de um tipo de originalidade cujo objetivo é justamente barrar a crítica, contê-la ali mesmo onde essa crítica perde qualquer potencialidade. Que se diga.

Apresentação

Nossa proposta é a escrita de um livro formado por textos-fragmentos e pequenos ensaios que tomem por temas reflexões teóricas, filosóficas, artístico-literárias e clínicas que abranjam questões históricas e subjetivas de indivíduos Outrificados, vencidos – no entendimento de Walter Benjamin – ou que se saibam assassináveis – como sustenta Judith Butler. Partimos do princípio de que tais elementos reunidos num mesmo livro possam fazer deste uma constelação crítica capaz de interrogar o cotidiano da clínica e as sedimentações teóricas da psicanálise no que possam ter de ensurdecimento epistemológico às lutas feministas, antirracistas, LGBTQIA+, descoloniais etc.

Como a psicanálise e sua prática podem ser tocadas para ouvir não somente o que se adequa aos seus atuais limites, mas também o que, como memória daquilo que os aparelhos da dominação se esforçam por apagar, segue como escombros e traumas a atravessar gerações na luta por sobreviver e se fazer voz?

Sobremaneira nos interessa a inclusão da política e da interseccionalidade na clínica.

14 APRESENTAÇÃO

O esvaziamento político da escuta nos impede de ouvir na forma sintoma a voz um dia silenciada por forças de dominação. E nada nos leva a pensar, de modo imediato, que o que foi politicamente silenciado possa ser reendereçado como dizer despolitizado. Tal procedimento seria ajustamento social, no pior de seus sentidos e, dessa maneira, seria pactuar com o sintoma e com a força dominadora que lhe deu origem. Não há sublimação de uma violência política que já não seja, em si mesma, um ato político. Pois, de outro modo, perpetua-se a violência.

Perguntamos, nessa toada, como conceber uma clínica psicanalítica que inclua e suporte a interseccionalidade?

Entre raça, gênero, sexualidades e classe, encontramos o ponto mínimo de intersecção desses conjuntos heterogêneos, o que pode nos servir como orientador político.

Umx psicanalista não deveria excluir, em sua práxis, a crítica e a escuta ao campo Outrificado, a leitura dos sistemas de dominação que insistem em colocar como alteridades (e corpo) alguns sujeitos-reificados (que, lançados à condição de objeto, no laço social, a um só tempo perdem o que se designa por posição de sujeito e lutam por se fazerem voz).

Não é possível respondermos a esta questão com instrumentos da própria psicanálise sem cairmos na redundância de dizer, por exemplo, que "todos estes desafios advindos de epistemologias descoloniais já estavam contemplados no interior da própria psicanálise", isto é, com enunciados que revelam, na arrogância de sua enunciação, narcisismos cerrados e ideais de poder.

Ressalte-se que entendemos nitidamente que a escuta psicanalítica de sujeitos Outrificados não deve implicar sua vitimização, posto que isso seria não mais que a consolidação da objetificação que nos cabe interrogar sob diversas camadas estruturais: singular-fantasmáticas, sociais, históricas e epistemológicas. Mas também é importante que se diga que, inversamente, há que se evitar os riscos de responsabilização da vítima que, sob a leitura mistificada da função da fantasia, tem muitas vezes atribuído ao gozo do sujeito em análise o que deveria ser interrogado na forma da violência de seu(s) agressor(es), que passa(m) desapercebido(s) e incólume(s) sob o argumento de que não devemos nos ocupar do princípio de realidade.

Quando nos preocupamos em ouvir alguém, levando em conta que esta traz consigo marcadores sociais, o que está em jogo é, antes, saber das camadas que agem no impedimento de sua condição de sujeito e não reagir como autoridade teórica e antecipar ali uma concepção de sujeito que nega seus marcadores em nome de uma suposta universalidade que responde ideologicamente como mais uma camada de interdição/ dominação. Num caso, entendemos o corpo e a voz por suas dimensões políticas e, por essa razão, muitas vezes subalternizados e silenciados. Noutro caso, temos o sujeito supostamente universal e a estrutura da linguagem supostamente esvaziada de corpo – mas que de universal e esvaziada nada têm. Se pensarmos que a negação dos marcadores sociais não serve a outra coisa que não seja camuflar os poderes instituídos na forma do homem-branco-burguês-cis-hétero-culturalmente eurocentrado e seguir sem nomear a norma, talvez possamos aprender a ler nossos sistemas de dominação/ exclusão internos (o nosso "campo" epistêmico).

Nós, psicanalistas, ainda sabemos pouco sobre diversidade, teoria *queer*, antirracismo, feminismo, descolonialidade, não binarismo e outros modos de pensar, de resistir e de enfrentar o peso do pensamento consagrado por meio de séculos de imperialismos e genocídios pela colonização europeia e capitalista. Quanto mais porque grande parte dos atuais estudiosos e autoproclamados representantes de tais formas de pensamento seguem sendo homens brancos, cis, heterossexuais, atravessados por uma "clássica" formação burguesa-intelectual-europeia.

16 APRESENTAÇÃO

Nós também, atravessados por marcadores sociais muito seme-lhantes, buscaremos evitar visitar de modo antropofágico-colonial autores como Lélia Gonzalez, Jota Mombaça, Grada Kilomba, Paul B. Preciado, Frantz Fanon, Aníbal Quijano, Silvia Federici, Maria Lugones, Letícia Nascimento, Isildinha Baptista Nogueira, Davi Kopenawa, Helena Vieira, Achille Mbembe, Gayatri Spivak, Oyèrónke Oyewùmí, Audre Lorde, bell hooks e Judith Butler entre outres. Antes, é como aprendizes abertos à crítica que até eles fomos e iremos. A proposta deste livro, portanto, está longe de ser a de um mapa teórico finalizado por especialistas, mas sim um leque de perguntas iniciais capaz de forçar trilhas que a psicanálise como instituição já se atrasou muito em fazer por ter receios de perder seu lugar imaginário de saber. Não pleiteamos nenhum pioneirismo e, por isso mesmo, estaremos atentos às contribuições de colegues que já tenham, do mesmo modo inquietes em vez de mestres, aberto caminhos.

Ana Paula Gianesi

Conrado Ramos

Conteúdo

1. Algumas contribuições de Aníbal Quijano para alcançarmos em nosso horizonte a subjetividade de nossa época   21
   Conrado Ramos

2. Interseccionalidade e diferença sexual   33
   Ana Paula Gianesi

3. Interseccionalidade, feminismo e antirracismo   45
   Ana Paula Gianesi

4. Ossos, silêncios, sáurios e traumas   53
   Conrado Ramos

5. A noção de limite, em matemática, e a sexuação   61
   Ana Paula Gianesi

18 CONTEÚDO

6. Lógico! 71
   Ana Paula Gianesi

7. Silvia Federici e a diferença sexual como necessidade e
   produção do capital 81
   Conrado Ramos

8. Assassinato do pai ou caça às bruxas?
   (Da trans-historicidade do mito estrutural à
   alíngua como resíduo da história no falasser) 101
   Conrado Ramos

9. Função ilegível: o não inscritível 109
   Ana Paula Gianesi

10. Elementos dialéticos do absoluto (totalidade) e do
    não-absoluto (alteridade real) 119
    Conrado Ramos

11. Forçamento e ativismo 133
    Ana Paula Gianesi

12. Artaud e a descolonização como ruptura da sujeição
    intelectual à razão sem corpo: inconsciente e
    reencantamento poético do mundo 145
    Conrado Ramos

13. Gilgámesh: poética e gênero 157
    Ana Paula Gianesi

14. Vozes da Mesopotâmia 175
    Conrado Ramos

15. Dissonâncias — 179
Ana Paula Gianesi

16. O chapéu do burguês *versus* o telefone sem fio:
o tratamento do trauma da acédia atávica ao desejo
de revolução — 205
Conrado Ramos

17. Não há norma sexual — 227
Ana Paula Gianesi, Conrado Ramos

18. Dos Campos Cataláunicos a Caiboaté Grande:
o inconsciente colonizado — 239
Conrado Ramos

19. A crítica da crítica à crítica — 245
Ana Paula Gianesi

20. Por uma sexuação fundada na somateca pós-fálica — 251
Conrado Ramos

21. O pan-óptico do con-domínio — 257
Ana Paula Gianesi

22. Cama de Procusto — 263
Conrado Ramos

23. "há homens que lá estão tanto quanto as mulheres" — 265
Ana Paula Gianesi

24. Discurso do mestre ou discurso do colonizador? — 271
Conrado Ramos

25. Sujeito universal e branqueamento 273
Conrado Ramos

26. A-preci(a)ções 277
Ana Paula Gianesi

Referências 297

1. Algumas contribuições de Aníbal Quijano para alcançarmos em nosso horizonte a subjetividade de nossa época

Conrado Ramos

Há entre o saber e a sexuação uma relação que, como propõe Aníbal Quijano, pode ser ontologizada por mecanismos de colonialidade do poder.

> *O patriarcado, para Aníbal, não é exclusivamente uma questão de gênero e da libertação das mulheres, mas é uma questão da totalidade do conhecimento e de controle das subjetividades inerentes ao padrão colonial de poder; totalidade sistêmica na qual se insere a dominação de gênero/sexualidade. Contudo, na medida em que racismo e sexismo são operações epistemológicas que criam ontologias, a destruição dessas regras e operações não somente pode levar-se adiante mediante condutas desobedientes – as quais hoje são óbvias, visíveis e abundantes –, mas também necessita de reconstituições epistemológicas que desmontem a constituição epistemológica que, ao*

mesmo tempo que se constitui, destitui tudo aquilo que não se sujeite às normas do padrão colonial do poder.[1]

Temos que fazer o exercício de buscar em nossas teorias psicanalíticas as formas como, nelas, operações epistemológicas acabam criando ontologias racistas e sexistas.

Levanta, pelo menos, uma suspeita que a divisão binária, sob os significantes homem e mulher, das possibilidades de sexuação das fórmulas lacanianas se dê com a condição de se chamar homem o lado em que encontramos o sujeito e de se chamar mulher o lado em que encontramos o objeto, lado este posto como Outro do primeiro.

Ainda que não importe a identidade sexual e as preferências de objeto sexual de quem venha a ocupar tais lados, segue-se vestindo um lado sujeito-homem e um lado Outro-mulher. Ranço epistemológico da relação de dominação sexista?

Alguma conduta desobediente aqui poderia ter sua força descolonial como reconstituição epistemológica capaz de retirar da singularidade das sexuações a necessidade de que se ajustem aos lados homem-sujeito e mulher-Outro.

a constituição do padrão de poder e a invenção do racismo resultam na destituição das pessoas racializadas. A mesma lógica se aplica ao sexismo. Do fato de que, cosmicamente, haja dois tipos de corpos em todos os seres viventes que se regeneram, e que os seres humanos não sejam exceção, não decorre que, no caso da espécie

---

1 Mignolo, W. D. (2019). La descolonialidad del vivir y del pensar: desprendimiento, reconstitución epistemológica y horizonte histórico de sentido. In W. D. Mignolo (Org.), *Aníbal Quijano: ensayos en torno a lacolonialidad del poder*. Del Signo. (tradução nossa)

humana, as funções que os corpos têm na regeneração
da espécie estejam coladas uma a uma com as condutas
sexuais desses corpos. O controle do conhecimento na
constituição do padrão colonial do poder que estabelece,
sem dúvida, que a um tipo de corpo correspondem as
funções de "homem" e ao outro, as de "mulher", em todas
as relações sociais. Isto é, como no racismo, a constitui-
ção do sexismo regula as condutas dos corpos e destitui
condutas amparadas pelo desejo dos corpos destituídos
que não correspondem às regulações constituídas pelo
padrão colonial do poder.[2]

Será legítimo dizer que todos os corpos correspondem aos lados lacanianos da sexuação? Isto é: todos os corpos se dividem mesmo entre as duas condutas gozantes dadas como estrutura por Lacan?

(Basta lembrarmos a passagem do Seminário 18 na qual Lacan associa a transexualidade à psicose para suspeitarmos de que a regulação lacaniana dos gozos destitui condutas a ela não correspondentes.)

Mas avancemos um pouco mais nas reflexões sobre a "colonialidade do poder", de Aníbal Quijano:

Como no caso das relações entre capital e pré-capital,
uma linha similar de ideias foi elaborada acerca das
relações entre Europa e não-Europa. Como já foi apon-
tado, o mito fundacional da versão eurocêntrica da
modernidade é a ideia do estado de natureza como
ponto de partida do curso civilizatório cuja culminação

---

2 Ibid., p. 25.

é a civilização europeia ou ocidental. Desse mito se origina a especificamente eurocêntrica perspectiva evolucionista, de movimento e de mudança unilinear e unidirecional da história humana. Tal mito foi associado com a classificação racial da população do mundo. Essa associação produziu uma visão na qual se amalgamam, paradoxalmente, evolucionismo e dualismo. Essa visão só adquire sentido como expressão do exacerbado etnocentrismo da recém-constituída Europa, por seu lugar central e dominante no capitalismo mundial colonial/ moderno, da vigência nova das ideias mitificadas de humanidade e de progresso, inseparáveis produtos da Ilustração, e da vigência da ideia de raça como critério básico de classificação social universal da população do mundo.

A história é, contudo, muito distinta. Por um lado, no momento em que os ibéricos conquistaram, nomearam e colonizaram a América (cuja região norte, ou América do Norte, colonizarão os britânicos um século mais tarde), encontraram um grande número de diferentes povos, cada um com sua própria história, linguagem, descobrimentos e produtos culturais, memória e identidade. São conhecidos os nomes dos mais desenvolvidos e sofisticados deles: astecas, maias, chimus, aimarás, incas, chibchas, etc. Trezentos anos mais tarde todos eles reduziam-se a uma única identidade: índios. Esta nova identidade era racial, colonial e negativa. Assim também sucedeu com os povos trazidos forçadamente da futura África como escravos: achantes, iorubás, zulus, congos, bacongos, etc.

No lapso de trezentos anos, todos eles não eram outra coisa além de negros.[3]

O evolucionismo eurocêntrico presente no pensamento ocidental como um todo é uma espécie de antolhos que nos impõem a supremacia branca como uma "realidade natural e evidente". Esconde-se no humanismo da razão burguesa a ambição colonizadora e necropolítica que submete não brancos em diversos cantos do planeta.

Há algo no pensamento ocidental que não reconhece diferenças e singularidades étnicas e culturais: guaranis e tahuantisuyos são índios; jejes e bantos são negros; índios e negros são, negativamente, não brancos. (O mesmo vale, considerando-se as variantes e particularidades da sexuação, para os não-homens-cis.)

Da natureza à civilização europeia, os brancos ficam do lado da civilização europeia, e os não brancos, do lado da natureza. De um lado, espírito; do outro, corpo. Este mito ocidental é portador de sentidos que excedem, ou seja, traumatizam, uma vez que, mais que colonizar mentes, mutila corpos. Deveríamos considerá-lo, por seus efeitos, ao lado da objetificação das mulheres e filhos e da propriedade privada instauradas pelo patriarcado, um dos mais violentos e traumáticos acontecimentos da humanidade.

A ideia corrente de que os movimentos antissexistas e antirracistas dividem a classe trabalhadora e impedem a revolução deveria ser pensada pelo seu avesso: nenhuma revolução será possível sem que se considere a ruptura com a dominação de raça e de sexo, ou seja, sem que se reconheça a violência do eurocentrismo e os traumas impostos aos corpos que, em sua grande maioria, chamamos de

---

3 Quijano, A. (2005). Colonialidade do poder, eurocentrismo e América Latina. In E. Lander (Orgs.), *A colonialidade do saber: eurocentrismo e ciências sociais.* Perspectivas latino-americanas. Clacso http://biblioteca.clacso.edu.ar/clacso/sur-sur/20100624103322/12_Quijano.pdf.

proletariado, justamente por ser reduzido ao corpo, como "força" de trabalho.

Sobre a questão de gênero, consideremos o seguinte trecho:

> *Esse novo e radical dualismo não afetou somente as relações raciais de dominação, mas também a mais antiga, as relações sexuais de dominação. Daí em diante, o lugar das mulheres, muito em especial o das mulheres das raças inferiores, ficou estereotipado junto com o resto dos corpos, e quanto mais inferiores fossem suas raças, mais perto da natureza ou diretamente, como no caso das escravas negras, dentro da natureza. É provável, ainda que a questão fique por indagar, que a ideia de gênero se tenha elaborado depois do novo e radical dualismo como parte da perspectiva cognitiva eurocentrista.[4]*

O próprio Quijano, embora não leve em conta o que estou propondo como dimensão traumática da dominação, sustenta a relação entre "classe social" e "raça" como instrumento de exploração desta forma:

> *Toda democratização possível da sociedade na América Latina deve ocorrer na maioria destes países, ao mesmo tempo e no mesmo movimento histórico como uma descolonização e como uma redistribuição do poder. Em outras palavras, como uma redistribuição radical do poder. Isto se deve, primeiro, a que as "classes sociais", na América Latina, têm "cor", qualquer "cor" que se possa encontrar*

---

4 Ibid., p. 129.

em qualquer país, em qualquer momento. Isso quer dizer, definitivamente, que a classificação das pessoas não se realiza somente num âmbito do poder, a economia, por exemplo, mas em todos e em cada um dos âmbitos. A dominação é o requisito da exploração, e a raça é o mais eficaz instrumento de dominação que, associado à exploração, serve como o classificador universal no atual padrão mundial de poder capitalista. Nos termos da questão nacional, só através desse processo de democratização da sociedade pode ser possível e finalmente exitosa a construção de um Estado-nação moderno, com todas as suas implicações, incluindo a cidadania e a representação política.[5]

A descolonização deve alcançar os corpos, isto é, o tratamento possível dos traumas, da violência sofrida pelos corpos marcados pelas diferenças de gênero, de sexuação e raciais capturadas nas cristalizações de sentidos absurdos e falsos impostas pelo pensamento eurocêntrico branco, machista, LGBTfóbico e patriarcal. Desconstruir a colonialidade das marcas corporais implica suspender, esvaziar, romper com os excessos-sentidos que séculos de dominação deram a esses corpos e dar voz aos afetos a eles ligados. Tratar esses traumas pressupõe um laço social que permita verdadeiramente o reconhecimento e a simbolização da violência sofrida e a ressubjetivação daqueles que foram por ela vitimizados, objetificados. E que fique nítido que não serão (não seremos) os homens-cis-brancos-patriarcais aqueles que tratarão e curarão esses traumas. Nenhuma redistribuição efetiva e radical do poder pode ser consistente se não acolher os novos corpos/sentidos/afetos que os movimentos antissexistas, de gênero e de raça materializam como fruto de resistência e em nome

---

5   Ibid., p. 138.

de gerações de luta. Não há socialização do poder digna deste nome se a elite europocêntrica dos diferentes lugares do mundo não fizer sua mea-culpa histórica e entregar suas armas ou for finalmente derrotada pela luta anticapitalista descolonizadora. Sem isso, qualquer luta de classes cai na fantasmagoria de uma luta sem corpo, uma classe de trabalhadores imateriais. Difícil supor que um trabalhador venha a se reconhecer num "conceito de trabalhador" sem que as ressonâncias corporais-afetivas de sua experiência cotidiana de mutilação não estejam presentes. Tais ressonâncias são corporificadas por meio dos instrumentos seculares de naturalização do poder e, por isso, talvez só possam ser combatidas pelo questionamento desses instrumentos. E claro está que o questionamento dos instrumentos de naturalização do poder visa à erradicação de suas bases sociais de sustentação e manutenção.

Aliás, é necessário pensarmos com o merecido cuidado se a exclusão ou o enfraquecimento das questões identitárias e de gênero dentro dos movimentos de luta de classes não acontecem à serviço da própria colonialidade do poder, uma vez que seria pretensioso supor que os movimentos socialistas de "Estados independentes e sociedades coloniais"[6] estivessem livres de sua contaminação histórica. (Há, ainda, a vertente cínica-camuflada pela qual homens-brancos-cis-burgueses, sem nem sequer fazer uma autocrítica, arrogam a si o papel de porta-vozes e líderes das lutas de descolonização dos corpos dominados.)

Senão, vejamos o que Quijano tem a dizer acerca da miragem eurocêntrica sobre as revoluções socialistas e o socialismo em sua relação com a distribuição do poder:

> *Quanto à miragem eurocêntrica acerca das revoluções "socialistas", como controle do Estado e como estatização*

---

6   Ibid., p. 134.

do controle do trabalho/recursos/produtos, da subjeti-vidade/recursos/produtos, do sexo/recursos/produtos, essa perspectiva funda-se em duas suposições teóricas radicalmente falsas. Primeiro, a ideia de uma sociedade capitalista homogênea, no sentido de que só o capital como relação social existe e, portanto, a classe operária industrial assalariada é a parte majoritária da população. Mas já vimos que não foi assim nunca, nem na América Latina nem no restante do mundo, e que quase segura-mente não ocorrerá assim nunca. Segundo, a ideia de que o socialismo consiste na estatização de todos e cada um dos âmbitos do poder e da existência social, começando com o controle do trabalho, porque do Estado se pode construir a nova sociedade. Essa suposição coloca toda a história, de novo, sobre sua cabeça. Inclusive nos toscos termos do Materialismo Histórico, faz de uma superestru-tura, o Estado, a base da sociedade. E escamoteia o fato de uma total reconcentração do controle do poder, o que leva necessariamente ao total despotismo dos controlado-res, fazendo-a aparecer como se fosse uma socialização do poder, isto é, a redistribuição radical do controle do poder. Mas, precisamente, o socialismo não pode ser outra coisa que a trajetória de uma radical devolução do controle sobre o trabalho/recursos/produtos, sobre o sexo/recursos/produtos, sobre a autoridade/instituições/ violência, e sobre a intersubjetividade/conhecimento/ comunicação, à vida cotidiana das pessoas. Isso é o que proponho, desde 1972, como socialização do poder.[7]

---

7 Ibid., p. 138.

A descolonização do poder não é a estatização socialista do poder, mas sua radical devolução, distribuição à vida cotidiana das pessoas. Mas como fazer isso sem um nacionalismo anticolonial e sem a formação de um Estado capaz de assegurar o desenvolvimento das forças produtivas necessárias para a independência e a proteção diante das ameaças imperialistas? (Basta que interroguemos a relação que pode haver entre a estatização do poder e o anticolonialismo no marxismo dito oriental.)

De qualquer modo, na concepção de devolução do poder à vida cotidiana das pessoas se faz presente a enérgica reconstrução democrática feminista, antirracista e *queer* da sociedade hoje sob o domínio macho-cis-branco-patriarcal, isto é, colonizada. E é preciso questionar até onde vai o anticapitalismo, sob quaisquer formas ou meios (isto é, ainda que se argumente que as propostas de transformações oriundas de movimentos identitários sejam reformistas e, portanto, sem ruptura evidente com o Estado burguês), sem essa descolonização.

A união da classe explorada como condição para a derrubada do Estado burguês (em vez de sua apropriação) e para a distribuição social dos meios de produção não pode ser considerada impossibilitação das lutas antirracistas, antissexistas, LGBTfóbicas. A concepção totalizante da classe trabalhadora pode servir de antecipação ideológica da ideia de que somente o partido único representa as revoluções socialistas vitoriosas. Sabemos o quanto a burocratização opressiva e violenta dos partidos únicos recompõe algo do Estado burguês que visavam superar. Muitas vezes a união formal do proletariado se transforma num imperativo silenciador de grupos minoritarizados, justamente quando tal união deveria ser a constelação da democracia real que não encontram no embate entre classes do Estado burguês.

> *Em seu movimento de luta, de organização e de tomada de consciência de seus interesses específicos, o proletariado vai se configurando como classe dotando-se de uma estrutura e de tendências de institucionalização que correspondem a cada uma das áreas de sua existência social nas e desde as quais enfrenta a exploração e a dominação. Nas relações imediatas de exploração e em suas instituições concretas, referidas à produção, distribuição, reprodução; nas relações sociais fora da produção imediata; na distribuição espacial do capital; na configuração dos povoados e residências; nas relações entre nacionalidades e etnias, se elas existem diferenciadas em uma formação social; nas relações intersexuais; nas instituições de poder cultural e político. . . . Assim, a democracia interna do partido se funda na democracia interna da classe, e isso fortalece e defende esta última e, por meio disso, a vitalidade da democracia socialista, ou democracia direta dos trabalhadores. E tudo isso supõe a presença deliberante e decisória das bases da classe, em cada um de seus organismos.*[8]

Parece impossível que essa democratização do poder numa realidade socialista aconteça sem que as dominações de sexuação, coloniais e patriarcais tenham sido combatidas e minimamente superadas. E não creio que esta superação se dê sem o exorcismo dos excessos-sentidos escarificados nos corpos hoje dominados. É preciso continuar a contar e a apostar nos movimentos dos grupos minoritarizados como lugar de tratamento dos traumas.

---

8 Quijano, A. (2014). Poder y democracia enel socialismo. Clacso http://biblioteca. clacso.edu.ar/clacso/se/20140506052228/eje2-6.pdf.

2. Interseccionalidade e diferença sexual

Ana Paula Gianesi

Como conceber uma clínica psicanalítica que inclua e suporte a interseccionalidade?[1]

Entre raça, gênero, sexualidade e classe, encontramos o ponto mínimo de intersecção entre esses conjuntos heterogêneos, o que pode nos servir como orientador político.

Um(x) psicanalista não deveria excluir, em sua práxis, a crítica e a escuta ao campo "Outrificado", a leitura dos sistemas de dominação que insistem em colocar como alteridade (e corpo) alguns sujeitos-reificados (que, lançados à condição de objeto, no laço social, facilmente perdem suas posições de sujeitos e lutam por se fazer voz).

Enquanto teoria e prática não disjuntas, uma psicanálise que não problematize as questões que a interseccionalidade aponta e as denúncias de opressão que ela traz consigo, corre o risco de acumpliciamento com o próprio sistema de dominação. Mais ainda, um corpo teórico que não seja capaz de se rever, que não permita furo

---

1 Termo cunhado por Kimberlé Crenshaw.

34 INTERSECCIONALIDADE E DIFERENÇA SEXUAL

e que não se deixe modificar por aquilo que lhe bate à porta, acaba repetindo e reproduzindo o pior.

Podemos encontrar ditames do sistema heteropatriarcal colonial (que em si é, outrossim, racista) em alguns dos sustentáculos da psicanálise lacaniana: Universal-Homem, pai da horda, Nome-do-Pai, mestre, falo-pênis, gozo fálico, libido "masculina" etc. A ausência quase absoluta de palavras sobre a questão racial/colonial na obra de Lacan parece também dizer muito. Vimos, igualmente, uma teoria fazer malabarismos para estabelecer um lugar, ou melhor, um des-lugar para as mulheres. Essas mulheres contadas uma a uma. Essa mulher que não existe (toda): objeto causa de desejo, alteridade corporal ligada ao desejo-Homem, falada por ele, uma heteridade investida (e vestida) de enigma, quase emudecida, desprovida da qualidade das coisas, não-toda louca, colocada como o Outro, como o Outro sexo.

Seria possível propor, inclusive, uma articulação entre a "mulher" das fórmulas da sexuação e o subalterno com gênero sobre o qual Spivak escreveu:

> nomeemos, mesmo assim (como) "mulher" aquela mulher desautorizada a quem nós estrita, histórica e geopoliticamente não conseguimos imaginar como referente literal. Vamos dividir o nome mulher de modo que vejamos a nós mesmas como nomeando e não meramente como nomeadas . . . a esperança por trás da vontade política será que a possibilidade do nome seja finalmente apagada. Hoje, aqui, o que eu chamo "subalterno com gênero", especialmente no espaço descolonizado, tornou-se para mim o nome "mulher".[2]

---

2 Spivak, G. C. (1997). Feminismo e desconstrução, de novo: negociando com o masculinismo in confesso. In T. Brennan (Org.), *Para além do falo: uma crítica a Lacan do ponto de vista da mulher*. Rosa dos Tempos, p. 297.

Lemos em Spivak a ênfase posta no: "especialmente no espaço descolonizado", o que aponta para um lugar de subalterno, no laço social, daqueles generificados que são também racializados e, por essa via, igualmente pertencentes a classes sociais menos favorecidas. O Outro, no discurso, é esse Outro corporal, reificável. O Outro, no discurso, tem gênero, sexualidade, raça e classe social.

De fato, alguns feminismos podem auxiliar a psicanálise a revisitar suas epistemologias de base e rever os lugares que ela tem ofertado às questões de gênero (sim! a psicanálise tem responsabilidade quanto às questões de gênero), bem como sua recusa a tratar das questões raciais e de classe.

Colocar o Homem como Sujeito e como "todo" e a Mulher como "não-toda" e como objeto causa de desejo daquele não apenas mantém o binarismo de gênero (homem e mulher) como mantém o estado mais geral das coisas. Beauvoir escrevera, lendo *criticamente* o machismo estrutural: "A humanidade é masculina, e o homem define a mulher não em si, mas relativamente a ele . . . O homem é pensável sem a mulher. Ela não, sem o homem"[3], e, para concluir: "O homem é o Sujeito, o Absoluto; ela é o Outro".[4]

O que Beauvoir e Spivak denunciam, a psicanálise lacaniana tende a transformar em dado trans-histórico. Homem e Mulher postos do modo como são postos, como dados/fatos estruturais, não historicizáveis (portanto, não modificáveis), repetem o binarismo (qual espaço para os não-binários?) e os esquemas de dominação. Para a psicanálise, a humanidade segue sendo masculina (cis e hétero e branca e burguesa).

O não-todo enquanto perspectiva política, enquanto aposta na contingência (e outrossim no possível) não deveria estar atrelado

---

3 Beauvoir, S. (1949/2016). *O segundo sexo*. Nova Fronteira, p. 12.
4 Ibid., p. 13.

a qualquer designação de gênero – isso porque o apontamento de uma corporeidade que tenha sempre por referência o Falo (do lado todo), mas que não esteja inteiramente ali localizada, redunda, inevitavelmente, no que vimos colocando como Outrificação (subalternização/dominação/reificação). O não-todo poderia configurar-se subversivo caso deixássemos cair o binarismo, caso não mais o vestíssemos com o significante mulher (ou com quaisquer sexualidades que apareçam no laço como seres "com danos *a priori*", racializados e/ou "matáveis"). Enquanto orientação, enquanto ruptura com o Absoluto (com o Universal), sobremodo seria um instrumento de luta, luta contra o colonialismo heteropatriarcal (termo que trago de Angela Davis). Que o não-todo seja simplesmente o não-absoluto.

Pois bem, como romper com o binarismo da diferença sexual (e suas consequências misóginas)? O que implica, logicamente, uma mudança teórico-clínica radical e, consubstancialmente, abrir os ouvidos para as questões que a interseccionalidade aponta.

Como, a um só tempo, ouvir os sujeitos que nos chegam, levando em conta nossa longa história de dominação e, por isso mesmo, sabendo da Outrificação que os sujeitos generificados e racializados sofrem e realizar uma ruptura epistemológica?

Tanto Spivak quanto Butler apostam no uso do termo "mulher", um uso estratégico, que a um só tempo possa denunciar um sistema de dominação-opressão, transcender seu uso comum, abarcando novas possibilidades e formas de corpos que contêm (que importem) em sua materialidade (neste ponto, Butler joga com o significante *matter*, que traz o importar, a matéria/materialidade e o assunto em uma polifonia de sentidos) e que possa deixar de operar como referência, que não seja reificante. Poderíamos dizer: que as designações de sexo/gênero não constituam uma identidade de si a si.

Sigamos:

penso que muitos entendem que, para o feminismo proceder como prática crítica, ele deve basear-se na especificidade sexual do corpo da mulher. Ainda que o sexo esteja sempre reescrito como gênero, ainda se deve presumir esse sexo como ponto de partida irredutível para as várias construções sociais que deve sustentar. Tal suposição da irredutibilidade material do sexo parece ter legitimado e autorizado epistemologias e éticas feministas, assim como análises de gênero de diversos tipos. Em um esforço de substituir ou modificar os termos desse debate, gostaria de perguntar como e por que a materialidade se tornou um sinal, uma prova, de irredutibilidade... No lugar da materialidade, poderíamos questionar outras premissas fundacionistas que operam como "irredutibilidades" políticas. Em vez de ensaiar dificuldades teóricas que emergem da suposição da noção de sujeito como premissa fundacional que emergem da tentativa de manter uma distinção estável entre sexo e gênero, gostaria de apresentar a seguinte questão: é necessário recorrer à matéria e à materialidade do sexo para estabelecer essa especificidade irredutível que, conforme dizem, deveria fundamentar a prática feminista? E aqui a questão não é haver ou não referência para a matéria, da mesma forma que a questão nunca foi se deveríamos ou não falar sobre mulheres. Essa fala ocorrerá, e, por razões feministas, ela deve ocorrer; a categoria das mulheres não se torna inútil com o exercício da desconstrução, são seus usos que deixam de ser reificados como "referentes" e que ganham uma chance de abrir-se, de fato, para outras formas de significação que ninguém poderia prever de antemão. Certamente, é preciso ser possível não só usar o termo, empregá-lo taticamente mesmo quando, por assim dizer, ele é utilizado e alocado, mas também sujeitar o termo a uma crítica que interroga as operações de exclusão e relações diferenciais de poder que constroem e delimitam as invocações feministas das "mulheres". *Isto é, parafraseando a epígrafe de Spivak neste capítulo, a crítica de algo útil, a crítica de algo sem o qual não podemos fazer nada. Na verdade, diria que é uma crítica sem a qual o feminismo perde seu potencial democratizante por se recusar a envolver-se com – fazer um balanço de, e se permitir transformar por – as exclusões que o colocam em causa.*[5]

Com destaque para o seguinte trecho de Butler: "a questão nunca foi se deveríamos ou não falar sobre mulheres. Essa fala ocorrerá, e, por razões feministas, ela deve ocorrer; a categoria das mulheres não se torna inútil com o exercício da desconstrução, são seus usos que deixam de ser reificados como 'referentes' e que ganham uma chance de abrir-se, de fato, para outras formas de significação que ninguém poderia prever de antemão. Certamente, é preciso ser possível não só usar o termo, empregá-lo taticamente mesmo quando, por assim dizer, ele é utilizado e alocado, mas também sujeitar o termo a uma crítica que interroga as operações de exclusão e relações diferenciais de poder que constroem e delimitam as invocações feministas das 'mulheres'".

---

5   Butler, J. (2019). Corpos que importam: os limites discursivos do "sexo". n-1 edições, pp. 56-58. (grifos nossos)

Quer dizer que é possível operar com o significante mulher, politicamente, visando ao fim da opressão histórica contra as "mulheres" (em um conjunto amplo), ao mesmo tempo em que se percorre uma trilheira com visada crítica, uma verdadeira crítica assídua que se volta para os próprios significantes "mulher" e "feminismo", analisando seus possíveis sistemas de dominação/exclusão internos. Afinal, os sistemas de dominação/subordinação podem estar pautados em fatores como raça, classe, idade, heteronormatividade, transfobia etc.

Como colocou precisamente bell hooks em *O feminismo é para todo mundo*: o feminismo é uma luta contra o sexismo, contra a exploração e contra um sistema de opressão. Em outro de seus muitos livros, *Erguer a voz*, escreveu:

> *Ao chamar a atenção para o entrelaçamento de sistemas de opressão – sexo, raça e classe –, mulheres negras e muitos outros grupos de mulheres reconhecem a diversidade e a complexidade da experiência de ser mulher, de nossa relação com o poder e a dominação. A intenção não é dissuadir as pessoas não brancas de se tornarem engajadas no movimento feminista. A luta feminista para acabar com a dominação patriarcal deveria ser de primeira importância para mulheres e homens em todo mundo . . .*[6]

Concluímos com ela que, enquanto práxis, é necessário que o feminismo seja antirracista.

Se o feminismo negro nos ensinou que a luta contra a dominação precisa ser uma luta contra os sistemas de dominação/subordinação/

---

6 hooks, b. (2019). *Erguer a voz: pensar como feminista, pensar como negra.* Elefante pp. 60-61.

reificação externos e internos, podemos dizer que restam, à psicanálise, alguns passos em direção a uma emancipação epistemológica: levar em consideração a interseccionalidade (os sujeitos que nos chegam têm cor e classe social), retirar o significante Mulher desse lugar tão condizente com o assujeitamento, dessa espécie de reificação nebulosa, e romper com o falocentrismo e o binarismo que a fundamentam e que ajuda a sustentar – binarismo posto nos dois significantes sem suspensão que ainda insistem, apenas eles, na teoria e na clínica... homens e mulheres...

Sobre o binarismo:

> *Se o sexo não limita o gênero, então talvez haja gêneros, maneiras de interpretar culturalmente o corpo sexuado, que não são de forma alguma limitados pela aparente dualidade do sexo. Consideremos ainda a consequência de que, se o gênero é algo que a pessoa se torna – mas nunca pode ser –, então o próprio gênero é uma espécie de devir ou atividade, e não deve ser concebido como substantivo, como coisa substantiva ou marcador cultural estático, mas antes como uma ação incessante e repetida de algum tipo . . .. Se o gênero não está amarrado ao sexo, causal ou expressivamente, então ele é um tipo de ação que pode potencialmente se proliferar além dos limites binários impostos pelo aspecto binário aparente do sexo.*[7]

Ou:

> *Seria a construção da categoria das mulheres como sujeito coerente e estável uma regulação e reificação*

---

7   Butler, J. (1990/2018). *Problemas de gênero: feminismo e subversão da identidade.* Civilização Brasileira, p. 195.

inconsciente das relações de gênero? E não seria essa reificação precisamente o contrário dos objetivos feministas? Em que medida a categoria das mulheres só alcança estabilidade e coerência no contexto da matriz heterossexual? Se a noção estável de gênero dá mostras de não mais servir como premissa básica da política feminista, talvez um novo tipo de política feminista seja agora desejável para contestar as próprias reificações do gênero e da identidade – isto é, uma política feminista que tome a construção variável da identidade como um pré-requisito metodológico e normativo, senão como um objetivo político.[8]

Consideremos que a estabilidade da categoria mulheres, correlata à sua reificação, só é possível no contexto da matriz heterossexual (e na referência ao Falo). Abrir-se para além da aparente dualidade dos sexos, para gêneros fluidos ou em construção ou contingentes (sem nos obrigarmos a nos fixar em quaisquer termos desses) pode trazer, à psicanálise, alguma chance de aposta e de mudança.

Sim! É preciso mexer nos fundamentos, nas bases, nos alicerces.

Além de rever seus dizeres sobre o que se designa por "homem" e "mulher", sobremaneira a visada da desconstrução seria útil para que possamos revisitar a psicanálise:

A desconstrução da identidade não é a desconstrução da política; ao invés disso, ela estabelece como políticos os próprios termos pelos quais a identidade é articulada . . . Se as identidades deixassem de ser fixas como premissas

---

8 Ibid., p. 24.

de um silogismo político, e se a política não fosse mais compreendida como um conjunto de práticas derivadas de supostos interesses de um conjunto de sujeitos prontos, uma nova configuração política surgiria certamente das ruínas das antigas. As configurações culturais do sexo e do gênero poderiam então proliferar ou, melhor dizendo, sua proliferação atual poderia então tornar- -se articulável nos discursos que criam a vida cultural inteligível, confundindo o próprio binarismo do sexo e denunciando sua não inaturalidade fundamental. Que outras estratégias locais para combater o "inatural" podem levar à desnaturalização do gênero como tal?[9]

E, ainda: "o que alicerça a pressuposição de que as identidades são idênticas a si mesmas, persistem ao longo do tempo, unificadas e internamente coerentes? Mais importante, como essas suposições impregnam o discurso sobre as 'identidades de gênero?'".[10]

Também:

A identidade do sujeito feminista não deve ser o funda- mento da política feminista, pois a formação do sujeito ocorre no interior de um campo de poder sistematicamen- te encoberto pela afirmação desse fundamento. Talvez, paradoxalmente, a ideia de "representação" só venha realmente a fazer sentido para o feminismo quando o su- jeito "mulheres" não for presumido em parte alguma.[11] *(grifos nossos)*

---

9 Ibid., p. 256.
10 Ibid., p. 42.
11 Ibid., p. 25.

Pensar sobre essa frase destacada de Butler, que aponta para a possibilidade de o sujeito mulher não ser mais presumido, pode trazer Rubin para a conversa:

> *Pessoalmente, acho que o movimento feminista deve sonhar com algo maior do que a eliminação da opressão das mulheres. Ele deve sonhar em eliminar as sexualidades compulsórias e os papéis sociais. O sonho que me parece mais cativante é o de uma sociedade andrógina e sem gênero (embora não sem sexo), na qual a anatomia sexual de uma pessoa seja irrelevante para o que ela é, para o que ela faz e para a definição de com quem ela faz amor.*[12]

Uma sociedade em que o sujeito mulher não seja presumível ou em que a anatomia e os gêneros sejam irrelevantes, e na qual não haja sexualidades compulsórias, pode ser uma sociedade em que esses Outros (os sujeitos até então Outrificados) deixem de sê-lo para o dominador. E que as diferenças possam habitar, importar e permitir o existir do não absoluto.

Por fim, a proposta de Preciado:

> *Para falar de sexo, de gênero e de sexualidade é preciso começar com um ato de ruptura epistemológica, uma condenação categórica, uma quebra da coluna conceitual que permita uma primeira emancipação cognitiva: é preciso abandonar totalmente a linguagem da diferença*

---

12 Rubin, G. (1975/2017). *O tráfico de mulheres*. Ubu, p. 55.

sexual e da identidade sexual (inclusive a linguagem da identidade estratégica como quer Spivak).[13]

O interessante é que essa ruptura epistemológica não significa negar a diferença: significa um rechaço ao binarismo, um rechaço à linguagem da diferença sexual (essa que alguns dizem ser Real – por sinal, curioso Real, que carrega esses nomes Homem-Mulher) e, ao mesmo tempo, uma aposta na diferença sexual radical. Que o real do sexo e seus enigmas (e seu não complemento) possam valer mais que os caracteres sexuais secundários. Talvez isso seja mais próximo do que Lacan designou, no Seminário 23, como responsabilidade sexual do analista.

---

13 Preciado, P. B. (2020). *Um apartamento em Urano: crônicas da travessia.* Zahar, p. 141.

3. Interseccionalidade, feminismo e antirracismo

Ana Paula Gianesi

É inegável que o feminismo, como teoria e prática, desempenhou um papel fundamental em nossas lutas e conquistas, na medida em que, ao apresentar novas questões, não apenas estimulou a formação de grupos e redes, mas também desenvolveu a busca por uma nova maneira de ser mulher. Ao centralizar suas análises em torno do conceito de capitalismo patriarcal (ou patriarcado capitalista), ele revelou as bases materiais e simbólicas da opressão das mulheres, o que constituiu uma contribuição de importância crucial para a direção de nossas lutas como movimento. Ao demonstrar, por exemplo, o caráter político do mundo privado, desencadeou um debate público no qual emergiu a tematização de questões completamente novas – sexualidade, violência, direitos reprodutivos etc. –, revelando sua articulação com as relações tradicionais de dominação/submissão. Ao propor a discussão sobre sexualidade, o feminismo estimulou a conquista de espaço por homossexuais de ambos os sexos, discriminados por sua orientação sexual. O extremismo estabelecido pelo feminismo tornou irreversível a busca de um modelo alternativo de sociedade. Graças à sua produção teórica e à sua ação como movimento, o mundo não é mais o mesmo.

Mas, apesar de suas contribuições fundamentais para a discussão da discriminação com base na orientação sexual, o mesmo não ocorreu diante de outro tipo de discriminação, tão grave quanto a sofrida pela mulher: a de caráter racial. . . . O que geralmente encontramos ao ler os textos e a prática feminista são referências formais que denotam um tipo de esquecimento da questão racial. . . . Como podemos explicar esse "esquecimento" por parte do feminismo? A resposta, em nossa opinião, está no que alguns cientistas sociais caracterizam como racismo por omissão *e cujas raízes, dizemos, estão em uma visão de mundo eurocêntrica e neocolonialista . . . Com todas essas características, estamos nos referindo ao* sistema patriarcal racista.[1]

Gonzalez, nos trechos destacados aqui, ao mesmo tempo em que reconhece a importância histórica dos feminismos (sem os quais algumas lutas, reivindicações e mudanças não teriam sido possíveis), aponta para um grave "esquecimento" por meio do qual o nó das outrificações e subalternizações não se desfaz: o esquecimento da questão racial.

(A autora nos apresenta a diferença do feminismo norte-americano surgido em decorrência das lutas antirracistas e do movimento negro e o que ocorreu de modo não interseccionalizado – que, por sua vez, acarretou o "esquecimento" da questão racial e, certamente, da questão de classe –, o que ficou sob a alcunha de feminismo branco.)

A questão do "esquecimento" que marca o "racismo por omissão" parece aqui fundamental. Como pensar esse "esquecimento"

---

1 Gonzalez, L. (2020). *Por um feminismo afro-latino-americano.* Zahar, p. 141.

que subscreve a negação das considerações e lutas antirracistas no laço social?

Lacan considerou, no Seminário 21, que seria possível acrescentar ao desconhecimento a denegação (o recalque inconsciente). Desconhecer (esquecer?) pode vir em acréscimo à neurose? Ou a neurose em acréscimo ao desconhecimento/esquecimento social?

Podemos pensar, por essa via, que há algo que se pode acrescentar ao campo simples da neurose (negação simples – própria ao recalque) ou que uma neurose pode trabalhar em acréscimo a algo que insiste em se manter desconhecido.

Quais forças operariam em tal cisma? O que faz com que narrativas históricas e algumas corpas permaneçam "desconhecidas"? Permaneçam esquecidas, inaudíveis, invisíveis e, logicamente, matáveis?

O cistema (escrita proposta por ativistas trans como Marina Mathey, Letícia Nascimento e Helena Vieira) heteropatriarcal (termo proposto por Angela Davis), destaca Gonzalez, é, em si, racista. Igualmente, sublinhemos a insistência de Paul Preciado em nomear os sistemas patriarcais, no capitalismo, de sistemas patriarcais-coloniais.

Como um cis-tema, que joga na subalternidade algumas corpas e existências, retirando-lhes voz e até imagem (por mais paradoxal que isso possa parecer), subsiste? Por força bruta, por força discursiva, por pactos velados e explícitos, por engrenagens econômicas, materiais e estruturais (pensando no racismo estrutural – como formulado por Silvio Almeida). Também, por recalque histórico (traumas) somado às (des)narrativas, esquecimentos, desconhecimentos e silenciamentos.

Em *Memórias da plantação*, Grada Kilomba (2019) escreve sobre a *máscara do silenciamento*:

> *tal máscara foi uma peça muito concreta, um instrumento real que se tornou parte do projeto colonial europeu por*

mais de 300 anos. Ela era composta por um pedaço de metal colocado no interior da boca do sujeito negro, *instalado entre a língua e o maxilar e fixado por detrás da cabeça por duas cordas, uma em torno do queixo e a outra em torno do nariz e da testa. Oficialmente, a máscara era usada pelos senhores* brancos *para evitar que africanas/os escravizadas/os comessem cana-de--açúcar ou cacau enquanto trabalhavam nas plantações, mas sua principal função era implementar um senso de mudez e de medo, visto que a boca era um lugar de silenciamento e de tortura. Nesse sentido, a máscara representa o colonialismo como um todo. Ela simboliza política sádicas de conquista e dominação e seus regimes brutais de silenciamento das/os chamadas/os Outras/os: quem pode falar? O que acontece quando falamos? E sobre o que podemos falar?*[2]

Ecoando a pergunta de Spivak, autora fundamental do feminismo e também do pensamento descolonial – qual seja: pode a(o) subalterna(o) falar? –, Kilomba nos mostra como, fazendo valer a interseccionalidade, a questão racial é urgente. Se Beauvoir demonstrara que a mulher é a(o) Outra(o) do homem, Kilomba escancara que a mulher negra carrega uma dupla alteridade, localizando-se como Outra(o) da(o) Outra(o):

Mulheres negras, *por não serem nem* brancas *nem* homens, *passam a ocupar uma posição muito difícil dentro de uma sociedade patriarcal de supremacia* branca. *Nós representamos um tipo de ausência dupla,*

---

2 Kilomba, G. (2019). *Memórias da plantação*. Cobogó, p. 33.

> *uma Outridade dupla, pois somos a antítese tanto da branquitude quanto da masculinidade. . . . Nesse esquema, a mulher* negra *só pode ser a/o* "Outra/o" *e nunca o eu. . . . As mulheres* brancas *têm um status oscilante, como eu e como a* "Outra" *dos homens* brancos *porque elas são* brancas, *mas não são homens. Os* homens *negros servem como oponentes para os homens* brancos, *bem como com competidores em potencial por mulheres* brancas, *porque são homens, mas não são* brancos. *As mulheres* negras, *no entanto, não são* brancas *nem homens e servem, assim, como a* "Outra" *da alteridade.*[3]

Qual a função dessas camadas de silenciamentos-forçados na manutenção do *status quo*? Calar, apagar, subordinar...

Voltando a lente para o campo psicanalítico, em uma crítica que retorna, perguntemo-nos: por que a omissão? Por que tão poucas colocações acerca da questão racial? Diante das questões coloniais, emergentes (e urgentes) em sua época, Lacan praticamente se esquivou. As construções e os saberes dos estudos descoloniais não o tocaram? Lacan não leu Fanon?

Negar, desconhecer, omitir podem ser operadores racistas. O "esquecimento" pontuado por Lélia Gonzales, ao discorrer sobre racismo por omissão, poderia mesmo acender um sinal de alerta à psicanálise.

Como saímos do acumpliciamento com o calar essas tantas vozes? Quais impactos e demolições e desconstruções a abertura para esses saberes nos exigem?

---

3 Ibid., p. 190-1.

Ler o que não foi escrito e escovar a história a contrapelo (para usar duas expressões dos conceitos de história de Benjamim) nos permitiriam incluir o inaudível, o invisível, o ilegível e explodir as consistências hegemônicas?

Seriam as guerrilhas (poéticas) caminhos possíveis, dentre tantos outros, para a crítica assídua e para o que pede transmissão?

Os escombros, o escondido, o escanteado, os sussurros, o apagado, o não narrado, como lê-los? Como fazer do ocultado, memória?

Retomemos Gonzalez:

> *A gente tá falando das noções de* consciência *e de* memória. *Como consciência a gente entende o lugar do desconhecimento, do encobrimento, da alienação, do esquecimento e até do saber. É por aí que o discurso ideológico se faz presente. Já a memória, a gente considera como não saber que conhece, esse lugar de inscrições que restituir uma história que não foi escrita, o lugar da emergência da verdade, dessa verdade que se estrutura como ficção. Consciência exclui o que a memória inclui. Daí, na medida em que é o lugar da rejeição, a consciência se expressa como discurso dominante (ou efeitos desse discurso) numa dada cultura, ocultando a memória, mediante a imposição do que ela, consciência, afirma como a verdade. Mas a memória tem suas astúcias, seu jogo de cintura; por isso, ela fala através das mancadas do discurso da consciência. O que a gente vai tentar é sacar esse jogo aí das duas, também chamado de dialética. E, no que se refere à gente, à crioulada, a gente saca que a consciência faz tudo para nossa história ser esquecida,*

tirada de cena. E apela para tudo nesse sentido. Só que isso tá aí... e fala.[4]

As palavras de Lélia certamente inspiram os movimentos antirracistas e os feminismos negros e também podem inspirar os trans-feminismos (e seus aportes *queer*). Nessa direção, quiçá possamos arriscar o seguinte: que Lélia continue a inspirar os feminismos que operam com a interseccionalidade[5]– aquelxs que têm por ativismo lutas contra esse esquecimento (ou desconhecimento) que se soma (que tem se somado) ao denegado. E, quem sabe, possa inspirar as transformações da psicanálise.

Que isso fale, cada vez, mais!

---

4 Gonzalez, L. (2020). *Por um feminismo afro-latino-americano* (pp. 78-79). Zahar.
5 O apoio aos feminismos negro e trans está posto e declarado na aposta via interseccionalidade.

4. Ossos, silêncios, sáurios e traumas

Conrado Ramos

I

As maneiras de matar não variam muito. No caso particular dos massacres, corpos sem vida são rapidamente reduzidos à condição de simples esqueletos. Sua morfologia doravante os inscreve no registro de generalidade indiferenciada: simples relíquias de uma dor inexaurível, corporeidades vazias, sem sentido, formas estranhas mergulhadas em estupor. No caso do genocídio de Ruanda – em que um grande número de esqueletos foi preservado em estado visível, quando não exumados –, o surpreendente é a tensão entre a petrificação dos ossos, sua frieza (coolness) estranha, por um lado, e por outro lado seu desejo persistente de produzir sentido, de significar algo.

Nesses pedaços de ossada impassíveis, não parece haver nenhum vestígio de "ataraxia": nada mais que a rejeição ilusória de uma morte que já ocorreu. Em outros casos, em que a amputação física substitui a morte imediata, cortar os membros abre caminho para a implantação das técnicas de incisão, ablação e excisão que também têm os ossos como seu alvo. Os vestígios dessa cirurgia demiúrgica persistem por um longo tempo, sob a forma de configurações humanas vivas, mas cuja integridade física foi substituída por pedaços, fragmentos, dobras, até mesmo imensas feridas difíceis de fechar. Sua função é manter diante dos olhos da vítima – e das pessoas ao seu redor – o espetáculo mórbido do ocorrido.[1]

Na necropolítica, o poder sobre o corpo do dominado impõe uma visibilidade. Da frieza dos ossos às feridas perenes, dos pedaços de corpos que, na mutilação política, gritam mais alto sua ausência, ao joelho no pescoço da vítima, a redução do dominado ao resto, ao fragmento, faz parte da história da relação íntima que a dominação tem com o terror. A festa pública do esquartejamento, da forca, da guilhotina, do apedrejamento ou do paredão compõe, para os vencidos, uma escrita do trauma que atravessa gerações em busca de elaboração simbólica. É um acontecimento que não se limita à geração massacrada. O massacre é um ritual que oferece ao olhar do pai vencedor os ossos de uma geração de vencidos, mas calcifica a memória no corpo das gerações seguintes.

Ainda que os ossos tenham sido mimeticamente substituídos pela frieza dura das estátuas, sabemos quanto dos ossos e músculos de trabalhadores explorados está materializado (da extração do ferro à fundição) nos trilhos de bonde que constituem os ossos da estátua paulistana do bandeirante Borba Gato.

---

1 Mbembe, A. (2018). *Necropolítica*. n-1 edições.

E se, como nos faz atentar Mbembe, há na petrificação dos ossos um "desejo persistente de produzir sentido, de significar algo", é porque esses monumentos da barbárie constelam um portal pelo qual os mais longínquos e distintos momentos históricos se tocam no ponto comum em que o desejo de um outro mundo foi interrompido, recolhido, sufocado.

É na condição de medusificação do desejo que o silêncio das estátuas sempre se faz estranhamente ecoar. Se na imagem da pedra talhada há homenagem a um acontecimento da história, no seu silêncio encontramos, da mesma história, a interrupção.

Nos ossos do massacre, o silêncio. E em cada um de nós, monumentos à espera de voz.

II

Os sujeitos em análise, muitas vezes, encontram em seus sintomas algo da mimese de formas de violência sofridas por gerações anteriores. O real dessa violência, carente de elaboração, de voz, portanto, repete-se atravessando gerações, pede novamente o trabalho, o esforço da simbolização. Uma violência é sempre uma cena de gozo, uma vez que força o encontro de um corpo com algo do real: um trauma, a escrita de um enigma no corpo. É surpreendente que este enigma se transmita, como uma dívida familiar, um ônus histórico, como as maldições na tragédia grega. Do Sófocles do *Édipo Rei*, *Édipo em Colono* e *Antígona*, deveríamos ficar mais com a estrutura de transmissão da violência pelas três gerações do que com a sustentação do patriarcalismo heteronormativo que Freud faz derivar da proibição do incesto.

O que assim é vivido por um sujeito como um enigma que se repete feito uma maldição o coloca diante de um destino a ser dado a aquele: carregá-lo como um fardo que não se deixa dizer ou transformá-lo em um dizer possível. Nenhuma tentativa de dar um sentido ou uma resposta a este enigma equivale à assimilação deste à condição desejante.

> *O que hás herdado de teus pais,*
>
> *Adquire, para que o possuas,*
>
> *O que não se usa, um fardo é, nada mais,*
>
> *Pode o momento usar tão só criações suas.*[2]

A responsabilidade pelas marcas de violência herdadas implica tirá-las do silêncio do sintoma, no qual, mudas, elas gritam.

O trauma, como um passado necessário, é instância alheia, herdada, mas não possuída. Porém ele sai dessa condição de repetição necessária no instante em que é adquirido, instante que faz dele criação sua. Esse momento de acolhimento e subjetivação do grito mudo é o da sua transformação em desejo e, por decorrência, em voz. Contingência pela qual a herança se faz sujeito e o sujeito se liberta do passado como repetição necessária; contingência pela qual passado e presente se encontram e se transformam no dizer possível. É neste dizer que o socorro, a derrota, a humilhação, o desespero, a indignação, o ressentimento, a fúria, a injustiça e outros tantos afetos, que jaziam mudos na estreita cela do trauma, ganham a força desveladora da expressão.

Como ato que é, este dizer faz uma dobra temporal na qual a história interrompida em algum momento e lugar pode retomar um curso possível, algum futuro em vez do congelamento eternizante e insistente do trauma. Se o trauma faz do silêncio uma ruptura da história, o dizer é a ruptura do trauma para extrair dele, de sua

---

2   Goethe, J. W. (2011). *Fausto* (Vol. I). Editora 34.

imobilidade temporal que rateia o átimo de sua morte, uma história potencial.

Uma clínica do trauma implica forçar a transformação de suas marcas de violento silenciamento objetificante na expressão prenhe de potencialidade histórica que em psicanálise chamamos desejo. Usar as marcas não somente como a tatuagem de uma data mal-dita (o que talvez nunca possam ou devam deixar de ser), mas também como estrelas a desenhar um destino.

III

Tomemos o último Freud:

> 12 de julho – *Com os neuróticos, é como se estivéssemos numa paisagem pré-histórica – no Jurássico, por exemplo. Os grandes sáurios ainda andam por ali; as cavalinhas crescem tanto quanto as palmeiras (?).*
>
> 20 de julho – *A hipótese de existirem vestígios herdados no id altera, por assim dizer, nossos pontos de vista sobre ele.*[3]

Freud não deixa nítido, nestas que são duas entre suas últimas anotações, o alcance do que quis dizer com "herdados". Mas parece ser o reconhecimento de que o isso talvez não seja uma instância psíquica livre da transmissão de marcas das gerações anteriores.

Os sáurios extintos, metáfora dos nossos antepassados derrotados, passeiam em nossas neuroses. A luta deles é pré-história

---

3 Freud, S. (1938/1988). Achados, idéias, problemas. In S. Freud, *Edição standard brasileira das obras psicológicas completas de Sigmund Freud* (Vol. XXIII, p. 317). Imago.

dessas neuroses: antes que possamos encontrar os documentos conscientemente "escritos" de/por um sujeito, seu corpo já traz os significantes dos vestígios da história congelada de seus antepassados.

São marcantes os momentos em que, numa análise, algo do desejo do sujeito aparece em uma relação de causa com o sofrimento de um antepassado. Não como um sofrimento que lhe pesa – ou seja, o falso necessário lógico que se lhe apresenta como determinação, como demanda do Outro –, mas como um sofrimento que o cativou, como destino que se constela *a posteriori*, ao encontrar, ali no passado, algo que não pode mais ser lido como acidental para a trama de suas escolhas, escolhas que realizaram, descongelaram o que havia de inscrito naquele sofrimento.

Se o sintoma se apresenta, em sua repetição, como necessidade cuja contingência fundante está recalcada, aqui refiro-me a outro estatuto: à natureza daquilo que, contingencialmente, por uma constelação, revela um necessário que não se sabia ali, e que penso associar-se à indestrutibilidade do desejo, mas entendido como aquilo que não se limita àquele que fala, senão que o ultrapassa, transmitido de algum modo através de gerações.

A condição que tento circunscrever aqui para o signo de um desejo que uma análise pode/chega a construir remeteu-me à seguinte citação de Deleuze: "o signo é o que nos faz pensar. O signo é objeto de um encontro; mas é precisamente a contingência do encontro que garante a necessidade daquilo que ele faz pensar".[4]

Essa dimensão do desejo jamais é acessada quando se toma o desejo abstratamente, retirando-lhe as vísceras da história.

Se o sintoma é *mostração* da história familiar/grupal engessada, a constelação a que me refiro é o momento em que se vislumbra algo de sua superação, isto é, sua dialética foi recuperada.

---

4 Deleuze, G. (1969/2019). Lógica do sentido (p. 26). Perspectiva.

Da pedra jurássica que as gerações passavam de costas em costas o sujeito fez, *per via di levare,* a téssera de libertação do trauma familiar.

IV

Antes de terminar, Frantz Fanon:

> *Mas, quando a revolução argelina explode, Fanon se volta para a prática revolucionária, para a aposta na revolução social, e uma questão que salta aos olhos é que ele aposta na revolução como momento de elaboração coletiva dos traumas que têm origem política, e que têm efeitos subjetivos. Ele não faz uma relação mecânica entre sofrimento político e sintoma, mas está pensando o tempo inteiro como há uma dimensão do político que no próprio campo do político deve ser endereçada.*[5]

Na observação de Fanon, recortada por Faustino, temos uma correlação que precisa ser bem guardada: em que medida, por haver na origem de alguns sintomas uma dimensão de violência política, estes somente cedem mediante o endereçamento político do que neles se fez voz em silêncio?

O esvaziamento político da escuta nos impede de ouvir na forma sintoma a voz um dia silenciada por forças de dominação. E nada nos leva a pensar, de modo imediato, que o que foi politicamente silenciado possa ser reendereçado como dizer despolitizado. Tal

---

5 Faustino, D. (s.d.). *Frantz Fanon e o mal-estar colonial: algumas reflexões sobre uma clínica da encruzilhada.* https://www.n-1edicoes.org/frantz-fenon-e-o--mal-estar-colonial-algumas-reflexoes-sobre-uma-clinica-da-encruzilhada.

procedimento seria ajustamento social, no pior de seus sentidos e, desta maneira, seria pactuar com o sintoma e com a força dominadora que lhe deu origem. Não há sublimação de uma violência política que já não seja, em si mesma, um ato político. Pois, de outro modo, perpetua-se a violência.

A uma psicanálise descolonial não cabe transformar uma relação de dominação em conflito psíquico, mas ler no conflito psíquico a relação de dominação e apontá-la, interpretá-la. Sem lastro social e histórico, o conflito psíquico pode se tornar efeito da sedimentação ideológica, isto é, a passagem do estado de adversidades do laço social para o estado de problemas psicológicos do particular, problemas nos quais as primeiras não são mais identificáveis.

Como memória de uma violência, o sintoma é uma cena de excesso. Forçar simbólico no real que insiste neste excesso implica reposicionar-se diante da cena à qual o sintoma se fez monumento de repetição. Esse reposicionamento não se dá, portanto, sem um investimento pulsional que possa ser tomado de modo político e, muitas vezes, ético: que esta violência não se repita, eis o que se configura como voz decidida, como imperativo categórico que se formula como o avesso do silêncio do trauma.

5. A noção de limite, em matemática, e a sexuação

Ana Paula Gianesi

Em seu Seminário 21, Lacan discorreu sobre o conceito matemático de limite, usando-o para tratar do sexual enigmático no *falasser*. Afirmou que o sentido sexual é precisamente o sentido *"non sens"* e está diretamente articulado ao Real.

O sentido sexual, sentido *"non sens"*, define-se, como o Real, por não se escrever:

> *É uma coisa que tem uma relação estreita com a inscrição do discurso analítico, é que, se esta inscrição é mesmo o que eu digo dela, a saber, o início, o cerne de sua matemática, existem todas as chances para que isso sirva a mesma coisa que a matemática. Quero dizer que isso traz em si seu próprio limite.*
>
> *. . . Então, poder-se-ia, talvez, se elevar a uma estrutura, conforme a história do ciframento, se é no sentido desta alguma coisa que chega... a que? "die Grenzen", aos limites . . . se é verdade que este sentido sexual não se*

define senão por não poder se escrever, é ver justamente o que no ciframento, e não no deciframento – o que no ciframento necessita "die Grenzen", a mesma palavra aqui empregada no título [referência ao texto freudiano "Os limites da interpretabilidade"], a mesma palavra serve ao que na matemática se designa como "limite" de uma função, como limite de um número real.[1]

No trecho acima Lacan destaca o ciframento (e não o deciframento). Importante pontuarmos que para ele um ciframento é um enigma. Ele então atrela o ciframento (enquanto limite ou cúmulo de sentido, *non sens etc.*) à impossibilidade de se escrever a relação sexual. Podemos mesmo afirmar que a noção de limite em matemática auxilia Lacan na formalização daquilo que do Real nunca chega a se escrever.

Quando a variável de uma função tende ao infinito (suponhamos um infinito positivo +) desenha-se uma assíntota entre os eixos x e y. Note-se que não se chega a 0 ou a 1. O limite de uma função que tende ao infinito é zero.

Sublinhemos, outrossim, que cifra, de ciframento, tem sentido etimológico igual a zero. Cifra = zero. Em psicanálise, esta cifra diz respeito àquilo que no infinito tende a zero sem nunca o encontrar – o que é próprio ao enigma Real do sexual no falasser.

Ao falar sobre a não relação/razão/proporção sexual, sobre o impossível, Lacan falava também sobre a contingência. Estabelecera uma articulação entre o limite e o amor enquanto acontecimento, enquanto *(a)mur*. O amor assim escrito, estando relacionado ao objeto pequeno a [do (a)sexo] e ao muro da linguagem, igualmente

---

1 Lacan, J. *O Seminário 21: Les non-dupeser rent* (1973-1974). (Trabalho inédito)

esbarra no não complemento entre os corpos, as corpas sexuadas, isso que limita.

Lacan faz uso da noção matemática de limite para "além dos limites da interpretabilidade", *die Grenzen* (referência ao texto de Freud), para dizer do impossível de se escrever do Real, do sentido *non sens* do sexual, do impossível da relação sexual. E para dizer sobre isso que tangencia, mas não chega a alcançar o zero, sobremodo articulado ao não-todo. Há algo do enigma posto de partida. Entretanto, do bordear dos limites sobre a "não relação sexual", Lacan desliza para seu habitual binarismo heterocisnormativo:

> *É uma questão que eu fundo, que o justifico assim: não há relação sexual. Em outros termos, que eu precise, que eu precise nisso que se possa escrever mediamente o que isso que se escreve, é que por exemplo, não existe a f de f de tal modo que, entre x e y aqui significa o fundamento de tais seres falantes, à escolha, tanto da parte macho quanto a fêmea, nisto esta função do homem em relação à mulher, esta função da mulher com relação ao homem, não existe o que se possa escrever.[2]*

Lembremos dos eixos x e y nos desenhos de uma função. Aqui Lacan especifica que na função do homem em relação à mulher e da mulher em relação ao homem, faz-se operar o limite (em matemática), faz-se operar a não relação sexual. Como não há função da função, ele afirma que o "um" denota muito bem o gozo e que o "zero" quer dizer: "aí não há", referente a "isso que falta". Também, afirma: "se zero e um faz dois, não é isso que torna menos hipotética a conjunção do gozo de um lado com o gozo de outro".[3]

---

2 Ibid., aula de 8 jan. 1974.
3 Ibid., aula de 19 fev. 1974.

64 A NOÇÃO DE LIMITE, EM MATEMÁTICA, E A SEXUAÇÃO

Lacan sustentava a partilha dos gozos deste modo: não seria do dois que se trataria, mas, sim, do um de um lado e do zero de outro. Um – lado dito "homem". Zero – lado dito "mulher".

Ainda sobre a noção de limite, encontramos:

> *O ser sexuado não se autoriza senão por ele mesmo. É nesse sentido que, que há escolha, quero dizer que aquilo a que a gente se limita, enfim, para classificá-los masculino ou feminino, no estado civil, enfim, isso, isso não impede que haja escolha. Isto, certamente todo mundo sabe. Ele não se autoriza senão por ele mesmo e eu acrescentaria: e por alguns outros.*[4]

Não obstante a asserção sobre o "autorizar-se de si mesmo, com alguns outros" (o que aponta para o *non sens* do sexual no falasser), os usos de "homem" e "mulher", ou masculino e feminino, como limite, como termos que se limitam (pensemos no 1 e no 0), mantêm o binarismo. Podemos ler no trecho aqui citado a ideia de que esses limites cingem "homem" e "mulher", mesmo que esses termos não sejam alcançados, eles nos limitam, são nossos limites.

Embora a ideia de escolha, de fixidez, de modo de gozo este uso da noção de limite (posto de maneira binária, com os termos "homem" e "mulher"), possam ser amplamente questionados, o apontamento do real do sexo (não vestido forçosamente de "mulher") parece bastante importante para uma posterior menção do próprio Lacan, segundo a qual a responsabilidade do analista é uma responsabilidade sexual. Desse modo, o sexo, enquanto cifra/*non sens*, seria enigmático.

---

4 Ibid., aula de 9 abr. 1974

Seria igualmente relevante destacar que a noção de limite aparece nas formulações de Lacan sobre a compacidade. Ali, em termos de teoria dos conjuntos e topologia, Lacan tratou de conjuntos fechados (conjuntos que contêm seus limites) e conjuntos abertos (conjuntos que não contêm os seus limites). Por operações conjuntistas é possível extrair, de um conjunto fechado, um número finito de conjuntos abertos, – que podem se fazer contar. Lacan os articula com o que designou por "uma a uma", próprio ao não-todo (mas os relaciona às mulheres, de modo bastante problemático).

Lacan fez importantes construções e formalizações a partir da lógica, mas, em parte, aplicou-as a seu contumaz binarismo. Parecia-lhe difícil romper com o falocentrismo (que impõe um lugar Outro às mulheres) ou conceber o "nem de um lado, nem do outro", ou mesmo um além dos limites: o que já derrubaria o engessamento dos dois lados, bem como a ideia de uma inscrição definitiva de gozo. Lacan realmente não ousou trans-bordar o corpo (a corpa).[5]

Sigamos.

Há quem pense que Lacan resolveu o problema do binarismo e que não importa que ele use "homem" e "mulher" porque estes seriam significantes não cis (desencarnados). Entrementes, além de escolher e insistir nos dois "significantes" de nosso binarismo mais tradicional, ele manteve estes termos fundamentais de uma longa história de dominação. Outrossim, algumas referências do próprio Lacan (não tão poucas assim...), que fazem coincidir homem-quem tem pênis e mulher-quem tem vagina, perturbam um tanto os argumentos de quem parece não poder discordar ou criticar o mestre/ pai. Mais ainda, os lugares descritos por ele para o "homem" e para as "mulheres", repetem de modo patente os mais caricatos lugares sociais reservados e mantidos para os "gêneros" em questão.

---

5 Certamente sua transfobia o impediu de fazê-lo.

E há quem tente dizer que Lacan abriu mão do falocentrismo. Vejamos:

> *Ao contrário dele [referência a Boole], eu proponho dar ao Um o valor disso em que, por meu discurso, consiste, na medida em que é ele que faz obstáculo à relação sexual, a saber, o gozo fálico.*
>
> *É na medida em que o* gozo fálico – e aí digamos que eu o faça órgão, e o suponha encarnado por aquilo que no homem corresponde aí como órgão –, *é na medida em que esse gozo torna essa acentuação privilegiada tal como ele se impõe em tudo o que é de nossa experiência analítica; é em torno disso, e por que não é senão aí, em torno do próprio indivíduo, ele próprio sexuado, que o sustenta, é na medida em que esse gozo é privilegiado, que toda experiência analítica se organiza. E eu proponho isto: que caiba a ele relacionar a função do Um na formalização lógica tal que Boole a promoveu.*[6] *(grifos nossos)*

Falocentrismo que impõe um lugar deficitário às mulheres:

> *esse gozo que seja, pertinente, se podemos dizer, a um desses corpos, mas ao outro não aparece senão sobre esta forma, se se pode dizer, de referência a um outro como tal,* mesmo se alguma coisa no corpo pode lhe dar um frágil suporte, quero dizer, ao nível desse órgão que se chama o clitóris.[7] *(grifos nossos)*

---

6 Lacan, J. *O Seminário 21: Les non-dupeser rent* (1973-1974). Aula de 23 de maio de 1974. (Trabalho inédito)

7 Ibid.

Clitóris (como um frágil suporte) e pênis (falo encarnado) dizem respeito a quê?

Curiosamente, ao falar sobre os enganches do sentido sexual com a identificação, Lacan retorna a afirmações sobre o que faltaria às mulheres (e não ao falasser...):

> *E daí que eu parti para lhes falar de identificação. Mas se há uma identificação, uma identificação sexuada, esse de outra parte eu lhes digo que não há relação sexual, o que isto quer dizer? Isto quer dizer que não há identificação sexual senão de um lado ... É que todas essas identificações estão do mesmo lado: isso quer dizer que não há senão uma mulher que é capaz de fazê-las. Por que não o homem? Porque vocês notem que eu digo certamente "uma mulher" e depois eu digo: "o homem". Porque o homem, o homem, o homem tal que imagina "a mulher" quer dizer aquela que não existe, quer dizer uma imaginação de vazio, o homem, ele, ele é torcido por seu sexo.* Ao passo que uma mulher pode fazer uma identificação sexuada. Ela tem mesmo isso a fazer, pois é preciso que ela passe pelo gozo fálico que é justamente o que lhe falta.[8] *(grifos nossos)*

Do mesmo modo que no Seminário 20 Lacan tentou "conversar" com as feministas, em algumas passagens do Seminário 21 ficam evidentes os "esforços" do psicanalista francês em responder a algumas críticas já estabelecidas à época. Ele procurou, por exemplo, responder ao que já se reivindicava por não binário. Sobre a suposta não diferença ou semelhança entre homens e mulheres, Lacan

---

8   Ibid., aula de 11 jun. 1974

conclui: "não tem nada que pareça mais com um corpo masculino que um corpo feminino, se se sabe olhar num certo nível, ao nível dos tecidos. *Isso não impede que um ovo não seja um espermatozoide, que seja aí que vige a coisa do sexo*".[9] (grifos nossos).

Parece que Lacan não suportou a corpa nem a/o trans nem a suspensão do "nem homem, nem mulher".

É possível reconhecermos que ele se dedicou a cernir o Real do sexo e o limite/cifra da não relação/proporção entre os corpos sexuados. Quando afirmou o autorizar-se de si mesmo, relativo ao ser sexuado, indicou, igualmente, o furo, o impossível e o ponto não predicável da identidade (de si a si) – disso que não se fecha. Certamente seus avanços topológicos possibilitaram tais escritas e formalizações. Não obstante, ao continuar tratando como limite (matemático) "homem" – um e "mulher" – zero, ao insistir em órgão, clitóris, ovo, espermatozoide, falta feminina, ele fez da tentativa de um passo um girar em círculos. Continuou, desse modo, fazendo girar os discursos-correntes do binarismo, da primazia fálica e da epistemologia da diferença sexual.

Como poderíamos, a um só tempo, considerar o real, por uma responsabilidade sexual, incluir o "não há" dos encontros desencontrados entre os corpos (e as corpas) sexuadxs e romper com o binarismo, com a heternormatividade e com a cisgeneridade?

Se os dizeres históricos reproduzem os sistemas de dominação ao afirmarem homem e mulher, a psicanálise pode reivindicar estatuto subversivo afirmando o mesmo?

Por que não afirmamos que os sujeitos, radicalmente singulares, possuem, com o Real do sexo, uma relação de estranhamento (íntimo e alheio)? – o sexo como enigma, como mistério/ acontecimento de corpo.

---

9 Ibid., aula de 19 fev. 1974

Ainda, Lacan. Na "Conferência em Genebra sobre o sintoma", ele falava sobre o encontro com o enigmático do sexo e do gozo. Falava do "fazedor de pipi" do pequeno Hans e dizia que sua "ereção", "esse primeiro gozar", antes de ser autoerótico, fora uma experiência com o alheio.

> *Eles se dizem – Mas o que que é isso? E se dizem tão bem, que o próprio menino Hans só pensa nisso . . . o encarna em objetos que são francamente externos, isto é, nesse cavalo que relincha, que dá coices, que salta, que cai no chão. Esse cavalo que vai e vem, que tem certo modo de deslizar-se ao longo dos trilhos arrastando sua charrete, é o que há de mais exemplar para ele daquilo que tem que enfrentar e sobre o qual não entende nada . . . O gozo que resulta desse* Wiwimacher *lhe é alheio a ponto de estar no princípio de sua fobia.*[10]

Nesta citação Lacan retoma o sentido sexual como opaco, *non--sense*, alheio em relação ao sujeito – um gozo cifrado no limite de uma função que, como já foi dito, tende ao infinito. Tomar o impossível como limite, o "não há" como lugar/ princípio é bastante distinto de aplicar o limite para justificar o binarismo de gênero.

---

10 Lacan, J. (1975). Conferência em Genebra sobre o sintoma. (Trabalho inédito)

6. Lógico!

Ana Paula Gianesi

Podemos ler as fórmulas da sexuação, propostas por Lacan, por pura lógica? Ou lógica pura? E fingir que não foram ditos, escritos ou transmitidos quaisquer conteúdos sobre elas? Que não foi utilizado, por exemplo, não qualquer mito para sustentar seu ponto de partida? Que a exceção necessária para o possível do conjunto-todo não foi vestida com o pai da horda?

Pois bem, lembremos que Lacan apoiou o universal masculino (o todo Homem) no mito freudiano de *Totem e tabu*. Vestiu o Um (necessário) da exceção, aquela que funda e permite (por contradição lógica) o conjunto Todo (a Universal Afirmativa), com o pai da horda, qual seja: aquele que goza de todas as mulheres e interdita seus filhos que, em levante, abatem-no e devoram-no. Lei instaurada, ninguém tocará na mãe. E resta, aos filhos, uma "fraternidade" falaciosa. Continua Lacan:

> *É preciso o assassinato do Pai ter constituído – para quem? Para Freud? para seus leitores? . . . É curioso que tenha sido preciso eu esperar este momento para poder*

> *formular uma assertiva assim, qual seja, que* Totem e
> tabu *é um produto neurótico, o que é absolutamente
> incontestável, sem que por isso eu questione, em absoluto,
> a verdade da construção.*[1]

A exceção e seu decorrente universal justificam-se por um mito neurótico. A lógica (modal e de conjuntos) serve a uma semântica bastante pertinente a um modo de contar a história. Uma longa história marcada pelo falocentrismo e modos patriarcais.

E por que será que foi "preciso" seguir o tradicional binarismo de gênero e falar sobre homens e mulheres?

Leiamos alguns trechos do Seminário 18, momento em que Lacan começa propriamente a escrita das fórmulas da sexuação:

– Identidade de gênero – homem e mulher:

> *Mas não tem importância . . . O importante é isto:* a identidade de gênero não é outra coisa senão o que acabo de expressar com estes termos, "homem" e "mulher". *É claro que a questão do que surge precocemente só se coloca a partir de que, na idade adulta, é próprio do destino dos seres falantes distribuírem-se entre homens e mulheres. Para compreender a ênfase depositada nessas coisas, nesse caso, é preciso nos darmos conta de que* o que define o homem é sua relação com a mulher, e vice-versa. *Nada nos permite abstrair essas definições do homem e da mulher da experiência falante completa, inclusive nas instituições em que elas se expressam, a saber, no casamento.*[2] *(grifos nossos)*

---

1 Lacan, J. (2009). *O Seminário, livro 18: de um discurso que não fosse semblante* (1971) (p. 150). Zahar.
2 Ibid., pp. 30-31

– Meninos e meninas são diferentes:

> *Aí, então, elas se dão conta disto, por exemplo: de que de modo algum precisamos esperar pela fase fálica para distinguir uma menina de um menino; já muito antes eles não são iguais, em absoluto. E aí nos deslumbramos.*[3]

– Identificação sexual e heteronormatividade:

> *A identificação sexual não consiste em alguém se acreditar homem ou mulher, mas em levar em conta que existem mulheres, para o menino, e existem homens, para a menina.*[4]

E também:

> Para o menino, na idade adulta, trata-se de parecer-homem. *É isso que constitui a relação com a outra parte. E à luz disso, que constitui uma relação fundamental, que cabe interrogar tudo o que,* no comportamento infantil, pode ser interpretado como orientando-se para esse parecer-homem. Desse parecer-homem, um dos correlatos essenciais é dar sinal à menina de que se o é. *Em síntese, vemo-nos imediatamente colocados na dimensão do semblante.*[5] *(grifos nossos)*

– Verdade sobre um homem, saber quem é sua esposa:

> *para ter a verdade de um homem, seria bom saber quem é sua mulher. Refiro-me a sua esposa, no caso, por que não?*[6]

---

3 Ibid., p. 30
4 Ibid., p. 33
5 Ibid., p. 31
6 Ibid., p. 34

74 LÓGICO!

– Carta roubada – Rainha cônjuge do Rei (a linguagem não dá conta da relação sexual – os seres de linguagem são bipartidos entre homens e mulheres):

> *Portanto, no momento de dizer que a linguagem não dá conta da relação sexual, perguntemo-nos precisamente em que ela não dá conta. Ela não dá conta porque, com a inscrição que é capaz de comentar, não consegue fazer com que essa inscrição seja o que defino como inscrição efetiva do que seria a relação sexual, na medida em que ela relacionaria os dois polos, os dois termos que se intitulariam* homem e mulher, sendo esse homem e essa mulher sexos respectivamente especificados pelo masculino e pelo feminino... *em quem, em quê? Num ser que fala, ou, dito de outra maneira, um ser que, habitando a linguagem, extrai dela um uso que é o da fala . . . Não é insignificante destacar a carta/letra numa certa relação da mulher com o que se inscreve da lei escrita no contexto em que a coisa se situa, pelo fato de ela ser, na condição* de Rainha, a imagem da mulher como cônjuge do Rei.[7] *(grifos nossos)*

– Além da relação direta que Lacan fez entre o sujeito transexual e a psicose:

> *Chama-se* Sex and gender *[Sexo e gênero], de um certo Stoller. É muito interessante de ler, primeiro porque desemboca num assunto importante – o dos transexuais, com um certo número de casos muito bem observados,*

---

7 Ibid., p. 139

com seus correlatos familiares. Talvez vocês saibam que o transexualismo consiste, precisamente, num desejo muito enérgico de passar, seja porque meio for, para o sexo oposto, nem que seja submetendo-se a uma operação, quando se está do lado masculino. *No livro vocês certamente aprenderão muitas coisas sobre esse transexualismo, pois as observações que se encontram ali são absolutamente utilizáveis. ... Aprenderão também o caráter completamente inoperante do aparato dialético com que o autor do livro trata essas questões, o que o faz deparar, para explicar seus casos, com enormes dificuldades, que surgem diretamente diante dele. Uma das coisas mais surpreendentes é que* a face psicótica desses casos *é completamente eludida pelo autor, na falta de qualquer referencial, já que nunca lhe chegou aos ouvidos* a foraclusão lacaniana, *que explica prontamente e com muita facilidade a forma desses casos.*[8] *(grifos nossos)*

Tomemos em destaque esses trechos, repletos de significado e referências binárias e cis e heteronormativas e patriarcais e...

Lacan, além de sustentar o binarismo, também colocou a mulher (que não existe toda) sempre referenciada ao falo-homem. Daí resultou, por exemplo, a assertiva (profundamente atrelada ao machismo estrutural) que uma mulher só tem o testemunho de sua inserção na lei, daquilo que supre a relação, por meio do desejo do homem.[9] O alfarrábio lá ainda nas estantes de que a Lei só se transmite via Pai...

---

8   Ibid., pp. 30-31
9   Ibid., p. 35

E sabemos bastante como os analistas se divertiram em torno de Don Juan, de quem eles fizeram de tudo, inclusive, o que é o cúmulo, um homossexual. Mas, centrem-no sobre o que acabo de imajar para vocês, esse espaço do gozo sexual recoberto por conjuntos abertos que constituem uma finitude e que, finalmente, se contam. Vocês não veem que o essencial no mito feminino de Don Juan é que ele as tem uma a uma? . . . Aí está o que é o outro sexo, o sexo masculino, para as mulheres. Nisto a imagem de Don Juan é capital. . . Das mulheres, a partir do momento em que há os nomes, pode-se fazer uma lista, e contá-las. Se há mille e tre *é mesmo porque podemos tomá-las uma a uma, o que é essencial. E é coisa completamente diferente do Um da fusão universal. Se a mulher não fosse não-toda, se em seu corpo ela não fosse não-toda como ser sexuado, nada disso se aguentaria.*[10] *(grifos nossos)*

e somente por fundar o estatuto d'a mulher no que ela não é toda. O que não nos permite falar de A mulher.

Não há mulher senão excluída pela natureza das coisas que é a natureza das palavras, e temos mesmo que dizer que se há algo de que elas mesmas se lamentam bastante por hora, é mesmo disto – simplesmente, elas não sabem o que dizem, é toda a diferença que há entre elas e eu. Nem por isso deixa de acontecer que se ela está excluída pela natureza das coisas, é justamente pelo fato de que,

---

10 Lacan, J. (1985). O Seminário, livro 20: mais, ainda (1972-1973) (p. 19). Zahar.

> *por ser não-toda, ela tem, em relação ao que designa de gozo a função fálica, um gozo suplementar.*
>
> *Vocês notarão que eu disse suplementar. Se estivesse dito complementar, aonde é que estaríamos! Recairíamos no todo.*[11]

O que poderia permanecer como construção lógica aqui se insere enquanto reafirmação ideológica. O imajar dos princípios do machismo estrutural: das mulheres, um homem faz uma lista e as conta, uma a uma. As mulheres estão excluídas da natureza das coisas que é a natureza das palavras. As mulheres não sabem o que dizem...

Esses são apenas alguns trechos. Poderíamos colher um tesauro com mais pérolas extraídas de seus ditos que apenas reafirmam o *status quo* e os desditos do machismo estrutural.

Com a escrita das fórmulas da sexuação Lacan propõe um axioma: não há relação/proporção/complemento sexual. Não se faz Um (com dois). Não se faz dois (com qualquer par, ou mais). Entrementes, isso de modo algum o apartou do binarismo. Uma coisa é sustentar o furo Real da não relação sexual. Outra é colocá-lo em referência a estes dois termos: Homem e Mulher. A partir do momento em que essa não relação se escreve entre homens e mulheres (ou mesmo entre os modos de inscrição de gozo todo e não-todo) e que designações e novelas são ditas e escritas para a caracterização dos termos, não se escapa do binário.

Só não há relação sexual, supondo-se um casal, se um estiver no lado todo-fálico (Homem) e Outro no não-todo-fálico (Mulher)? Um pequeno esforço de pensamento nos faria perguntar se, nessas classificações categóricas, entre todo e todo haveria relação sexual.

---

11 Ibid., p. 99

78 LÓGICO!

Também, se entre não-todo e não-todo há relação sexual. Por que permanecemos nessa lógica pueril segundo a qual um precisa entrar como Homem e o Outro como Mulher? Não parece ser sempre esse o caso.

Se o real do sexo atravessa os seres falantes (de modo contingente e traumático), por que perfilar tantos comportamentos?

Por que discorrer sobre o sexo de modo tão harmônico com o senso comum? Há dois semblantes? Homem e Mulher? Nada mais adaptado que isso. Nada menos subversivo que isso.

Não obstante a crítica contínua e necessária aos aspectos ideológicos e conservadores que os conteúdos enxertados por Lacan transmitem, reconheçamos que as lógicas utilizadas por ele, na própria construção de suas fórmulas, são mesmo bastante interessantes.

Podemos lê-las para fundamentar uma orientação não-toda, enquanto orientação pelo não-absoluto (muito mais do que fixar sujeitos em modos de gozo).

A ideia de uma operação (matemática) sobre um conjunto fechado, permitindo, então, a abertura de conjuntos, em homologia com o que se passa na clínica, seria um ótimo exemplo de orientador da práxis. É possível fazer do todo (conjunto fechado) um conjunto finito de abertos. E esses conjuntos podem ser contados: um a um (definitivamente não precisamos de Dom Juan). A compacidade é o que nos permite pensar essas operações. Igualmente temos considerado a importância do *forcing* nas considerações sobre o não-todo.

Certamente, x não-todx[12], enquanto proposta de escrita lógica, pode ser lidx como renúncia à "disputa do absoluto" (expressão cunhada por Décio Pignatari, Augusto e Haroldo de Campos no

---

12 Consideremos não generificar o que se designa por não-todo/ não-toda.

"Plano-piloto para poesia concreta"). O que nos traria, enfim, outros modos de dizer: políticos, poéticos, éticos, indignados, furados, contingentes...

As lógicas não clássicas (paraconsistente e paracompleta) que podemos localizar, respectivamente, no todo e no não-todo, trariam para as fórmulas a contradição (esse termo foi proposto por Lacan) – ou seja, a sustentação de algo ser e não ser ao mesmo tempo – e a suspensão (ou a inclusão do terceiro excluído como possível ou indeterminado), que traduziríamos assim: algo pode, a um só tempo, nem não ser nem ser (Lacan não chegou a formular o não-todo pela lógica paracompleta. Muito provavelmente não teve acesso a tais formulações. Por isso, manteve, na escrita do não-todo, o indecidível de Godel – formulação ainda pertencente à lógica clássica. Muito embora não o tenha escrito desse modo, ele formulou a ideia de suspensão do sentido pela via do possível, da lógica modal).

Sim, entre o possível, o necessário, o contingente e o impossível (termos da lógica modal), podemos pensar os enodamentos, os tropeços, os furos, as suspensões e as escolhas(respostas) dos sujeitos singulares. As multiplicidades, portanto.

Também, com o axioma "não há relação sexual", podemos sustentar a não complementaridade entre os corpos/ as corpas. Parece mesmo um ponto fundamental para a sustentação do Real como furo.

E o que faz com que a relação sexual não possa se escrever é justamente esse buraco aí que toda linguagem obstrui enquanto tal, o acesso do ser falante alguma coisa que bem se apresenta, como um certo ponto tocando o real, neste ponto aí se justifica que o Real, eu o definia como impossível, porque aí, justamente, ele não

80 LÓGICO!

> *acontece jamais – nunca chega a que a relação sexual possa se escrever.*[13]

Quiçá possamos tomar x não-todx e a contingência que elx implica como orientação e operação constelar possível (provisória)? Contingencialmente, um ser falante pode experimentar a abertura constelar (o que o remeteria a uma responsabilidade sobre isso) e responder e continuar respondendo ao enigma do sexo, do corpo, da corpa e da sexuação de modos singulares, com alguns outros, certamente. Permitiríamos, assim, algo mais plural.

---

13 Lacan, J. *O Seminário 21: Les non-dupeser rent* (1973-1974). Aula de 20 nov. 1973. (Trabalho inédito)

7. Silvia Federici e a diferença sexual como necessidade e produção do capital

Conrado Ramos

a transição para o capitalismo é uma questão primordial para a teoria feminista, já que a redefinição das tarefas produtivas e reprodutivas e as relações homem-mulher nesse período, ambas realizadas com máxima violência e intervenção estatal, não deixam dúvidas quanto ao caráter construído dos papéis sexuais na sociedade capitalista. A análise que aqui se propõe também nos permite transcender a dicotomia entre gênero e classe. Se é verdade que na sociedade capitalista a identidade sexual se transformou no suporte específico das funções de trabalho, o gênero não deveria ser tratado como uma realidade puramente cultural, mas como uma especificação das relações de classe.[1]

---

1 Federici, S. (2017). *Calibã e a bruxa: mulheres, corpo e acumulação primitiva* (pp. 30-31). Elefante.

A proposta fortemente defendida por Federici de que o gênero não deveria ser tratado como uma realidade puramente cultural, uma vez que as tarefas produtivas e reprodutivas da relação homem-mulher foram histórica e economicamente escritas "nos anais da humanidade com traços de sangue e fogo",[2] deveria ecoar também nos ouvidos dos psicanalistas que defendem que a sexuação do sujeito falante seja dividida entre dois significantes, quais sejam, homem-mulher. O gênero não é uma realidade puramente cultural, assim como não é um ato puro de inscrição estrutural de gozo.

Do mesmo modo que hoje já não se passa incólume pela expressão racista da psicanálise de que o sujeito, como entidade estrutural, não tem cor, em breve vamos ver o "eu nunca disse isso" dos psicanalistas que hoje ainda se assentam sobre a dimensão trans-histórica da diferença sexual, que se expressaria entre dois tipos de gozo, um masculino e outro feminino. Sob o manto da abstração e do rigor lógico segue oculta a dominação de classe e a sustentação refinada da ideologia que naturaliza o que no capitalismo se iniciou como destruição patrocinada pelo Estado.

"O sujeito não tem cor e o feminino é um semblante...": a diferença racial serve à colonização assim como a diferença sexual serve à acumulação primitiva do capital onde quer que cheguem os colonizadores e os capitalistas. Na psicanálise, por sua vez, negar escuta aos efeitos do racismo e do sexismo no corpo e no inconsciente das pessoas, em nome da universalização do sujeito falante e da constituição estrutural de seu gozo, é manter escondido o verdadeiro rosto branco/europeu/macho do ideal sustentado pelos psicanalistas que não se deixam interrogar.

Não é mais possível, sem que se queira estar cego à história mutiladora do capital, defender o conceito de feminilidade como um

---

2   Marx, K. (1867/1985). A assim chamada acumulação primitiva. In K. Marx, *O capital* (Livro Primeiro, Vol. II, Cap. XXIV). Nova Cultural.

"fazer semblante", um lugar no discurso ou um modo de organizar o gozo, sem que seja interrogado o osso materialista deste conceito:

> *se na sociedade capitalista a "feminilidade" foi construída como uma função-trabalho que oculta a produção da força de trabalho sob o disfarce de um destino biológico, a história das mulheres é a história das classes, e a pergunta que devemos nos fazer é se foi transcendida a divisão sexual do trabalho que produziu esse conceito em particular.*[3]

Num outro trecho, numa nota de rodapé, encontramos o seguinte:

> *Essa capacidade de subverter a imagem degradada da feminilidade, que foi construída por meio da identificação das mulheres com a natureza, a matéria, o corporal, é a potência do "discurso feminista sobre o corpo" que trata de desenterrar o que o controle masculino de nossa realidade corporal sufocou. No entanto, é uma ilusão conceber a libertação feminina como um "retorno ao corpo". Se o corpo feminino – como discuto neste trabalho – é um significante para o campo de atividades reprodutivas que foi apropriado pelos homens e pelo Estado e convertido em um instrumento de produção de força de trabalho (com tudo aquilo que isso pressupõe em termos de regras e regulações sexuais, cânones estéticos e castigos), então o corpo é o lugar de uma alienação fundamental que*

---

3 Federici, S. (2017). *Calibã e a bruxa: mulheres, corpo e acumulação primitiva* (p. 31). Elefante.

só pode ser superada com o fim da disciplina-trabalho que o define.[4]

O corpo da mulher, como apropriado pelo Estado machista e convertido em produção de força de trabalho, como lugar de uma alienação fundamental, é um corpo traumatizado por gerações. A erotização, também dominadora, imposta ao corpo da mulher pelo olhar masculino revela-se como pesada camada ideológica que mascara seu lugar literalmente proletário, dando ao objeto que esse corpo constitui uma espécie de contrapeso libidinal: associada ao erótico, a destruição passaria camuflada. A insistência em posicionar a mulher como outro de um homem, em função do desejo dele ou como aquela que se endereça ao falo no lado do outro/homem, segue sendo colocar a mulher determinada pelo homem/Estado, cuja finalidade última é a conservação das condições de reprodução da força de trabalho. Mas entre psicanalistas resta-lhe, ainda, a condição de indeterminação como significante da falta no Outro que, com glamour intelectual, convida aos lugares-resquícios da feiticeira do período sangrento da transição ao capitalismo: "louca", "inefável", "enigma", "o Outro gozo". Seria extremamente importante que os psicanalistas se dispusessem a buscar, no genocídio da caça às bruxas, outros destes significantes que passaram de vício a virtude depois da dominação e domesticação de toda uma população de mulheres.

Em mais um trecho, também da introdução desse livro magnífico de Federici, temos o seguinte:

o corpo é para as mulheres o que a fábrica é para os homens trabalhadores assalariados: o principal terreno de sua exploração e resistência, na mesma medida em que o corpo feminino foi apropriado pelo Estado e pelos

---

4 Ibid., p. 33

homens, forçado a funcionar como um meio para a reprodução e a acumulação de trabalho.[5]

Por ser lugar de exploração e resistência, é notória a ambiguidade de alguns fenômenos como o que encontramos quando uma mulher sustenta a posição de ser dona e ter as decisões sobre o próprio corpo e, ao mesmo tempo, usa destas prerrogativas legítimas para, no entanto, oferecê-lo de modo objetificado aos olhares predadores masculinos. Vale ainda dizer que jamais poderia ser sustentado por um psicanalista, como encontramos às vezes, que um olhar predador seja confundido com sustentação de desejo. A objetificação imposta pelo olhar predador é da ordem da dominação e não do erotismo.

O corpo-fábrica dominado da mulher aparece também na imposição da estetização uniformizada, como retrato do corpo submetido a uma linha de montagem, mais ostensiva em nossos dias com a democratização mercantil dos avanços farmacêuticos, cirúrgicos e tecnológicos.

Mas talvez seja mais importante refletir sobre o quanto o corpo-fábrica está sendo marcado há tanto tempo que, infelizmente, ainda não é incomum encontrarmos nas análises mulheres cuja condição de objetificação é de tal modo naturalizada que faz parecer, aos ouvidos moucos à dominação, que este fenômeno se deve a uma espécie singular e fantasmática de gozo ou a um traço estrutural da sexualidade humana. Como psicanalistas, precisamos aprender a ouvir o quanto um sujeito tantas vezes agredido e ameaçado acaba encontrando na objetificação que lhe foi imposta o único modo de investimento possível em sua autoconservação. Descolar o sujeito desta objetificação implica mais um trabalho, sob transferência, de tratamento de traumas e de investigação e invenção de condições de sobrevivência e resistência subjetivas – trabalho analítico que

---

5 Ibid., p. 34

implica o real, sobretudo –, do que de esvaziamentos do imaginário e de fixações eróticas.

Lembremos, ainda, do Marx da assim chamada acumulação primitiva:

> *Não basta que as condições de trabalho apareçam num pólo como capital e no outro pólo, pessoas que nada têm para vender a não ser sua força de trabalho. Não basta também forçarem-nas a se venderem voluntariamente. Na evolução da produção capitalista, desenvolve-se uma classe de trabalhadores que, por educação, tradição, costume, reconhece as exigências daquele modo de produção como leis naturais evidentes.*[6]

O lugar dado às mulheres no contexto capitalista precisa deixar de ser visto a partir de leis naturais evidentes. A classe reprodutora da força de trabalho foi constituída ao longo de violentos séculos de educação, tradição, costume e, não menos, por condições fantasmáticas, subjetivo-estruturais, discursivas e modos de inscrição de gozo. A luta contra a objetificação histórica das mulheres pelo Estado machista e a revolução capaz de derrubá-lo não prescinde da interrogação crítica de todos estes aparelhos ideológicos e outros mais aqui não listados.

Mas continuemos com o materialismo histórico da autora para entendermos como se deu esse processo de transformação de questões específicas das relações de dominação de classe em realidade puramente cultural de gênero.

---

6 Marx, K. (1867/1985). A assim chamada acumulação primitiva. In K. Marx, *O capital* (Livro Primeiro, Vol. II, Cap. XXIV, p. 275). Nova Cultural.

Discorrendo sobre a intensidade da luta de classes na Baixa Idade Média, Silvia Federici nos mostra o quanto encontramos no século XV a "idade de ouro do proletariado europeu" como decorrência da crise demográfica gerada pela peste negra em meados do século anterior.

Para barrar e destruir o avanço das revoltas proletárias, o poder feudal (nobreza, Igreja e burguesia) uniu forças em torno do que a autora localiza como o surgimento do Estado. Acompanhemos os seguintes trechos:

> *Todavia, no final do século XV foi posta em marcha uma contrarrevolução que atuava em todos os níveis da vida social e política. Em primeiro lugar, as autoridades políticas empreenderam importantes esforços para co-optar os trabalhadores mais jovens e rebeldes por meio de uma maliciosa política sexual, que lhes deu acesso a sexo gratuito e transformou o antagonismo de classe em hostilidade contra as mulheres proletárias. Como demonstrou Jacques Rossiaud em* Medieval prostitution *[A prostituição medieval] (1988), na França, as autoridades municipais praticamente descriminalizaram o estupro nos casos em que as vítimas eram mulheres de classe baixa.*[7]

E, mais adiante, o seguinte:

> *A legalização do estupro criou um clima intensamente misógino que degradou todas as mulheres, qualquer*

---

7   Federici, S. (2017). *Calibã e a bruxa: mulheres, corpo e acumulação primitiva* (p. 103). Elefante.

que fosse sua classe. Também insensibilizou a população frente à violência contra as mulheres, preparando o terreno para a caça às bruxas que começaria nesse mesmo período. Os primeiros julgamentos por bruxaria ocorreram no final do século XIV; pela primeira vez, a Inquisição registrou a existência de uma heresia e de uma seita de adoradores do demônio completamente feminina. Outro aspecto da política sexual fragmentadora que príncipes e autoridades municipais levaram a cabo com a finalidade de dissolver o protesto dos trabalhadores foi a institucionalização da prostituição, implementada a partir do estabelecimento de bordéis municipais que logo proliferaram por toda a Europa.[8]

Para acrescentar as consequências da contrarrevolução para os homossexuais, Federici agrega ao texto a seguinte nota de rodapé:

Assim, a proliferação de bordéis públicos foi acompanhada de uma campanha contra os homossexuais que se estendeu até mesmo a Florença, onde a homossexualidade era uma parte importante da tessitura social "que atraía homens de todas as idades, estados civis e níveis sociais". A homossexualidade era tão popular em Florença que as prostitutas costumavam usar roupas masculinas para atrair seus clientes. Os sinais de mudança vieram de duas iniciativas introduzidas pelas autoridades em 1403, quando a cidade proibiu os "sodomitas" de assumirem cargos públicos e instituiu uma comissão de controle dedicada a extirpar a homossexualidade: o Escritório da

---

8 Ibid., pp. 104-105

Decência. Significativamente, o primeiro passo tomado pelo Escritório foi preparar a abertura de um novo bordel público, de tal forma que, em 1418, as autoridades ainda continuavam buscando meios para erradicar a sodomia "da cidade e do campo". . . . Sobre a promoção da prostituição financiada publicamente como remédio contra a diminuição da população e a "sodomia" por parte do governo florentino, ver também Richard C. Trexler.[9]

E a autora conclui:

É difícil discernir, de forma retrospectiva, até que ponto esse "recurso sexual" ajudou o Estado a disciplinar e dividir o proletariado medieval. O que é certo é que esse New Deal *foi parte de um processo mais amplo que, em resposta à intensificação do conflito social, levou à centralização do Estado como único capaz de confrontar a generalização da luta e de preservar as relações de classe.[10]*

Este conjunto de citações de Federici, do capítulo final da primeira parte de seu livro, deixa muito evidente que a redução das mulheres a objetos sexuais fez parte de um programa de contrarrevolução coordenada da burguesia, nobreza e clero da Baixa Idade Média. Um modo de destruir a "idade de ouro do proletariado europeu".

A autora destaca com veemência que as políticas sexuais ali adotadas tiveram como objetivos "cooptar os trabalhadores mais jovens e rebeldes", "dissolver o protesto dos trabalhadores", remediar "a diminuição da população"(do que fez parte a proibição de relações

---

9 Ibid., p. 105
10 Ibid., pp. 106-107

homossexuais), "disciplinar e dividir o proletariado medieval", além de preparar "o terreno para a caça às bruxas que começaria nesse mesmo período" – uma guerra contra as mulheres pelo controle estatal das funções reprodutivas da força de trabalho.

Não é pouco correlacionar a contrarrevolução para a manutenção da dominação da classe trabalhadora da Baixa Idade Média com a institucionalização da coisificação da mulher e com a centralização do poder estatal.

> *Se eles [os trabalhadores] foram derrotados, foi porque todas as forças do poder feudal – a nobreza, a Igreja e a burguesia –, apesar de suas divisões tradicionais, os enfrentaram de forma unificada por medo de uma rebelião proletária. Com efeito, a imagem que chegou a nós de uma burguesia em guerra permanente contra a nobreza, e que levava em suas bandeiras o clamor pela igualdade e pela democracia, é uma distorção.*[11]

Os argumentos e as análises de Federici nos põem a pensar em diversas distorções, mas a principal delas, tendo em vista as finalidades feministas da autora, diz respeito à ocultação secular do lugar da mulher no processo de constituição da classe trabalhadora que chegará, não sem muitas lutas, às formas com as quais a encontramos no capitalismo.

O Estado moderno surge absolutamente comprometido com a intensificação massiva da dominação sobre as mulheres. A misoginia e a homofobia chegaram à Idade Moderna como práticas de Estado. Sabemos como, muito rapidamente, o racismo veio se somar a estas também como prática estatal.

---

11 Ibid., p. 107

Não deve ser à toa que o conservadorismo quase medieval dos supremacistas brancos, quando alcança o poder, traz dos subterrâneos da história, entre outras, as mesmas práticas.

Se, como Freud deixou anotado, "com os neuróticos, é como se estivéssemos numa paisagem pré-histórica – no Jurássico, por exemplo. Os grandes sáurios ainda andam por ali",[12] seguem também "os grandes sáurios" da Idade Média a passear por nossas neuroses.

Já não é tempo, por exemplo, de percebermos que considerar o homem como quem tem o falo e a mulher como quem, não o tendo, pode vir a sê-lo para um homem, é um grande "sáurio" medieval? As premissas, canonizadas nas fórmulas lacanianas da sexuação, de que o sujeito estaria do lado homem e o objeto do lado mulher não são menos o suprassumo da extração simbólico-estrutural e do prudente esvaziamento imaginário do laço sexual do que a consolidação sofisticada da avançada secularização da dominação que tem raízes no século XV?

O que nós, psicanalistas, vamos conseguir ouvir quando pudermos sustentar uma escuta descolonial? Talvez possamos começar a tratar também – para além dos traumas e neuroses infantis – os traumas que, com os grandes sáurios, atravessam gerações. Algo que o próprio Freud parece ter intuído na seguinte anotação: "a hipótese de existirem vestígios herdados no id altera, por assim dizer, nossos pontos de vista sobre ele".[13]

Sigamos com Federici e sua crítica feminista, marxiana e descolonial:

Não é exagero dizer que as mulheres eram tratadas com a mesma hostilidade e com o mesmo senso de

---

12 Freud, S. (1938/1988). Achados, ideias, problemas. In S. Freud, *Edição standard brasileira das obras psicológicas completas de Sigmund Freud* (Vol. XXIII, p. 317). Imago.

13 Ibid., p. 317

distanciamento que se concedia aos "índios selvagens "na literatura produzida depois da Conquista. O paralelismo não é casual. Em ambos os casos, a depreciação literária e cultural estava a serviço de um projeto de expropriação. Como veremos, a demonização dos povos indígenas americanos serviu para justificar sua escravização e o saque de seus recursos. Na Europa, o ataque contra as mulheres justificou a apropriação de seu trabalho pelos homens e a criminalização de seu controle sobre a reprodução. O preço da resistência era, sempre, o extermínio. Nenhuma das táticas empregadas contra as mulheres europeias e contra os sujeitos coloniais poderia ter obtido êxito se não tivesse sido sustentada por uma campanha de terror. No caso das mulheres europeias, foi a caça às bruxas que exerceu o papel principal na construção de sua nova função social e na degradação de sua identidade social. A definição das mulheres como seres demoníacos e as práticas atrozes e humilhantes a que muitas delas foram submetidas deixaram marcas indeléveis em sua psique coletiva e em seu senso de possibilidades.[14]

Na contundência desta passagem de Silvia Federici, vemos ressaltar a força terrorista e devastadora do Estado capitalista. Um extermínio "domesticador" das mulheres ocorreu na Europa à mesma época do extermínio de populações indígenas nas colônias.

Como não pensar que, assim como encontramos o peso do extermínio na luta de populações massacradas, também deveríamos estar em condições de ouvi-lo na luta de mulheres sobreviventes?

---

14 Federici, S. (2017). *Calibã e a bruxa: mulheres, corpo e acumulação primitiva.* (p. 203) Elefante.

Afinal, o extermínio de indígenas e de mulheres nunca deixou de acontecer, desde aquela época.

Além disso, caberia também à psicanálise tomar para si a investigação de quais marcas indeléveis foram deixadas na psique coletiva feminina como herança daqueles séculos e o quanto tais marcas, ao afetarem o que Federici chamou de senso de possibilidades, não contribuem com a lógica objetificadora e dessubjetivante que a dominação, instalada a ferro e fogo àquelas eras, ainda faz existir, mas agora como lógica naturalizada.

Mas vale dizer que, ao contrário disso, é mais comum ainda hoje vermos a psicanálise e muitos psicanalistas unirem forças à reificação dessa lógica objetificadora e dessubjetivante, ao tornarem estrutural e trans-histórico, simplesmente, que o sujeito seja uma condição associada ao lado masculino de sexuação e o objeto, respectivamente, ao lado feminino.

Em seguida, podemos ler na autora o seguinte:

> *A partir desta derrota, surgiu um novo modelo de feminilidade: a mulher e esposa ideal – passiva, obediente, parcimoniosa, casta, de poucas palavras e sempre ocupada com suas tarefas. Esta mudança começou no final do século XVII, depois de as mulheres terem sido submetidas a mais de dois séculos de terrorismo de Estado. Uma vez que foram derrotadas, a imagem da feminilidade construída na "transição" foi descartada como uma ferramenta desnecessária, e uma nova, domesticada, ocupou seu lugar. Embora na época da caça às bruxas as mulheres tenham sido retratadas como seres selvagens, mentalmente débeis, de desejos insaciáveis, rebeldes, insubordinadas, incapazes de autocontrole, no*

século XVIII o cânone foi revertido. Agora, as mulheres eram retratadas como seres passivos, assexuados, mais obedientes e morais que os homens, capazes de exercer uma influência positiva sobre eles.[15]

Difícil não reconhecermos os ecos do modelo de feminilidade resultante da derrota das mulheres nas passagens freudianas da mulher como passiva, objeto e irracional. Por outro lado, difícil também não interrogarmos se, na aproximação entre mulher e loucura – seja via o empuxo à mulher na psicose ou via o empuxo à loucura das modalidades não-todo-fálicas de gozo –, ainda há, mesmo que desbotadas, tinturas das mulheres retratadas como "seres selvagens, mentalmente débeis, de desejos insaciáveis, rebeldes, insubordinadas, incapazes de autocontrole".

(Basta que uma mulher saia do cânone revertido a partir do século XVIII para que o diagnóstico de "histérica" – que veio também para servir à diferenciação contemporânea entre bruxas e não bruxas – seja sacado entre psicanalistas.)

Um lembrete de uma das afirmações de Lacan sobre isso:

Assim, o universal do que elas desejam é a loucura: todas as mulheres são loucas, como se diz. É por isso mesmo que são não todas, isto é, não loucas-de-todo, mas antes, conciliadoras, a ponto de não haver limites para as concessões que cada uma faz a um homem: de seu corpo, de sua alma, de seus bens.[16]

---

15 Ibid., p. 205
16 Lacan, J. (1974/2003). Televisão. In J. Lacan, *Outros escritos* (p. 358). Jorge Zahar.

Como um todo universalizado, A Mulher não existe, diz Lacan. Se existisse, se as mulheres fossem "loucas de/pelo todo" e fizessem conjunto, seriam loucas. Sendo não-todas, deixam de ser loucas para serem ilimitadamente conciliadoras, a ponto de se lançarem, por um homem, em devastação. Se A Mulher existe, a loucura; se não existe, a devastação.

As marcas indeléveis estão aí para serem escutadas pela psicanálise, na dialética que podemos traçar entre a loucura das bruxas ("imagem da feminilidade construída na 'transição'" – séculos XV a XVIII) e a concessão absoluta das santas (cânone revertido – século XVIII, se reconhecermos a interrogação mais consistente do "cânone" a partir dos movimentos feministas da primeira onda nos primeiros anos do século XIX).

Mas fechar os ouvidos à história destas marcas é um caminho que não cabe mais à psicanálise se ela não quiser ser confundida com um capítulo importante do *Malleus maleficarum* do século XX.

Afinal, foi sobre o corpo de mulheres, em especial, que a dominação secular se consolidou:

> *O que morreu foi o conceito do corpo como receptáculo de poderes mágicos que havia predominado no mundo medieval. . . . Isso significa que o corpo mecânico, o corpo-máquina, não poderia ter se convertido em modelo de comportamento social sem a destruição, por parte do Estado, de uma ampla gama de crenças pré- -capitalistas, práticas e sujeitos sociais cuja existência contradizia a regulação do comportamento corporal prometido pela filosofia mecanicista. É por isso que, em plena Era da Razão – a idade do ceticismo e da dúvida metódica –, encontramos um ataque feroz ao corpo,*

firmemente apoiado por muitos dos que subscreviam a nova doutrina. Assim é como devemos ler o ataque contra a bruxaria e contra a visão mágica do mundo que, apesar dos esforços da Igreja, seguia predominante em escala popular durante a Idade Média. O substrato mágico formava parte de uma concepção animista da natureza que não admitia nenhuma separação entre a matéria e o espírito, e deste modo imaginava o cosmos como um organismo vivo, povoado de forças ocultas, onde cada elemento estava em relação "favorável" com o resto. De acordo com esta perspectiva, na qual a natureza era vista como um universo de signos e sinais marcados por afinidades invisíveis que tinham que ser decifradas ..., cada elemento – as ervas, as plantas, os metais e a maior parte do corpo humano – escondia virtudes e poderes que lhe eram peculiares.[17]

Difícil não vermos nessa concepção não dualista de natureza, sem separação entre matéria e espírito, traços do que veio hoje a se converter na hipótese de Gaia.

É também importante relançarmos a questão que Benjamin sustenta em sua doutrina da semelhança: onde foi parar essa ampla gama de crenças pré-capitalistas?

Será mesmo que o conceito predominante no mundo medieval do corpo como receptáculo de poderes mágicos realmente morreu? Será mesmo que nada restou do cosmos povoado de forças ocultas, desse universo povoado de signos e sinais marcados por afinidades invisíveis? Basta ouvirmos, na riqueza poética das construções

---

17 Federici, S. (2017). *Calibã e a bruxa: mulheres, corpo e acumulação primitiva* (p. 257). Elefante.

significantes dos sintomas, sua dimensão mimética e constelar, para levantarmos a hipótese de que um tanto dessa experiência medieval ainda segue, mesmo que recalcada, como resistência à razão dominadora da era capitalista.[18]

Continuemos:

> *Numa época em que se começava a adorar a razão e a dissociar o humano do corpóreo, os animais também foram submetidos a uma drástica desvalorização – reduzidos a simples bestas, ao "Outro" definitivo –, símbolos perenes do pior dos instintos humanos. . . . No entanto, o excesso de presenças animais na vida das bruxas sugere também que as bruxas se encontravam numa encruzilhada (escorregadia) entre os homens e os animais, e que não somente a sexualidade feminina, mas também a sexualidade como tal, se assemelhava à animalidade.*[19]

$ de um lado, objeto a do Outro lado. As fórmulas da sexuação parecem reproduzir sutilmente essa divisão entre razão e corpo, entre um gozo capaz de lei e Outro gozo que não se submete.

> *A caça às bruxas não resultou em novas capacidades sexuais nem em prazeres sublimados para as mulheres. Foi, pelo contrário, o primeiro passo de um longo caminho*

---

18 Caberia considerarmos, aqui, a riqueza da concepção benjaminiana de imagem dialética e seu parentesco com a concretude histórica da imagem para Aby Warburg. Um estudo da relação de ambas – da imagem dialética e da imagem warburguiana – com as formações sintomáticas decorrentes de traumas geracionais seria muito importante.

19 Ibid., p. 349

ao *"sexo limpo entre lençóis limpos"* e a transformação
da atividade sexual feminina em um trabalho a serviço
dos homens e da procriação.[20]

Novamente: se a psicanálise se dedicasse a pesquisar o que há de
dominação e recalque no que diz respeito à chamada "sexualidade
feminina" a partir do trauma histórico da caça às bruxas, teria muito
mais a dizer sobre a sexualidade humana como prática e resistência
à razão burguesa. Mas a psicanálise, atualmente, parece ocupar-se
mais com a discreta manutenção dos referidos recalque e dominação.
"A mulher-enquanto-bruxa, sustenta Merchant, foi perseguida como
a encarnação do 'lado selvagem' da natureza, de tudo aquilo que na
natureza parecia desordenado, incontrolável e, portanto, antagônico
ao projeto assumido pela nova ciência".[21]

É difícil não interrogarmos o quanto o estereótipo psicanalítico
da mulher como aquela que escapa da ordem fálica, com algo de
inefável, não predicável e portadora de um indizível Outro gozo, tem
seus parentescos com a construção histórica da imagem da bruxa
pela civilização europeia, num de seus grandes genocídios em prol
da acumulação capitalista.

Tomemos outro trecho:

> Certamente, podemos dizer que a linguagem da caça às
> bruxas *"produziu"* a mulher como uma espécie diferente,
> um ser humano sui generis, mais carnal e pervertido por
> natureza. Também podemos dizer que a produção da
> "mulher pervertida" foi o primeiro passo para a transfor-
> mação da vis erótica feminina em vis lavorativa – isto

---

20 Ibid., p. 346
21 Ibid., p. 366

*é, um primeiro passo na transformação da sexualidade
feminina em trabalho.*[22]

É certo, porém, que a denúncia estereotipada da *vis erótica* não
tinha outra finalidade que não justificar a dominação masculina, sem
a qual, sozinha, a *vis lavorativa* e domesticada não seria mantida,
mediante as inclinações "loucas" ou histéricas das mulheres:

> *Há também, no plano ideológico, uma estreita corres-
> pondência entre a imagem degradada da mulher, for-
> jada pelos demonólogos, e a imagem da feminilidade
> construída pelos debates da época sobre a "natureza
> dos sexos", que canonizava uma mulher estereotipada,
> fraca do corpo e da mente e biologicamente inclinada ao
> mal, o que efetivamente servia para justificar o controle
> masculino sobre as mulheres e a nova ordem patriarcal.*[23]

São diversas as formas pelas quais a heteronormatividade machista e misógina europeia conquistou e colonizou subjetividades:

> *Como assinala Silverblatt, o conceito de bruxaria era
> alheio à sociedade andina. No Peru, assim como em
> todas as sociedades pré-industriais, muitas mulheres
> eram "especialistas no conhecimento médico", estavam
> familiarizadas com as propriedades de ervas e plantas e
> também eram adivinhas. A noção cristã de demônio era
> desconhecida. Não obstante, por volta do século XVII,
> devido ao impacto da tortura, da intensa perseguição e*

---

22 Ibid., p. 345
23 Ibid., p. 335

> *da "aculturação forçada", as mulheres andinas que acabavam presas – em sua maioria idosas e pobres – admitiam os mesmos crimes que eram imputados às mulheres nos julgamentos de bruxaria na Europa: pactos e fornicação com o diabo, prescrição de remédios à base de ervas, uso de unguento, voar pelos ares e fazer amuletos de cera.[24]*

Mas há outras formas, algumas mais mediadas e sofisticadas, mais ideológicas do que assumidamente violentas.

Lembremos, para terminar, que Freud pôde ouvir nas enigmáticas histéricas, nas misteriosas loucas, no gozo tão dissidente das mulheres de seu tempo, algo das vozes das ancestrais queimadas como bruxas. Ele percebeu os traumas que havia ali, como sáurios a passear pelo psiquismo das mulheres. Em que momento a psicanálise deixou-se apanhar pelo fogo colonizador com que hoje queima tão facilmente xs críticxs que lutam por sua transformação?

---

24 Ibid., pp. 403-404

8. Assassinato do pai ou caça às bruxas? (Da trans-historicidade do mito estrutural à alíngua como resíduo da história no falasser)

Conrado Ramos

> *A Revolução [Francesa] não derrubou todas as tiranias; os males que se reprovavam nos poderes despóticos subsistem nas famílias; nelas eles provocam crises análogas àquelas das revoluções.*[1]

Nesse breve trecho de um pequeno artigo assinado por Marx em 1846, o autor aponta aquilo que, mais tarde, Fernand Braudel veio a chamar de diferentes temporalidades da história. A longa duração do despotismo da sociedade patriarcal resistiu às transformações da Revolução Francesa e resiste ainda hoje. Mais do que isso, Marx parece ver no âmbito das famílias a secularização no particular daquilo que foi derrubado da esfera social.

As estruturas medievais de poder político e social do cristianismo puderam cair depois de introjetadas e condensadas no núcleo mais íntimo dos laços sociais.

---

1 Marx, K. (2006). *Sobre o suicídio* (pp. 28-29). Boitempo.

A imposição da lógica heteropatriarcal deixa de ser percebida quando se naturaliza como "auto-imposição" construída nos menores movimentos das relações familiares.

Mas, assim como aquilo que se derrubou em sua forma social mais ampla segue presente em formas mais restritas, a possibilidade de a tirania retornar historicamente atualizada à sua forma ampla também persiste. Não à toa, o clamor pelo autoritarismo ecoa nas instituições de resguardo das tiranias familiares, como algumas religiões. E não à toa, os totalitarismos de direita rapidamente fazem pesar suas injustiças sobre tudo aquilo que entendem ser ameaça ao modelo familiar do presépio cristão (que inclui, diga-se de passagem, o alheamento das decisões sobre o corpo e o destino da mulher).

Como psicanalistas, ouvimos diariamente, na forma de histórias e crises familiares, o devir de possíveis revoluções. Dar voz a esse devir não coloca em nossas mãos o poder da revolução, mas supor a analogia entre o que da sociedade se mantém ainda guardado na esfera familiar nos permite deixar constelar a história em potencial que ali se esconde.

Se nas famílias subsistem as tiranias derrubadas pela Revolução, e se há, nas primeiras, crises análogas às da segunda, como psicanalistas nos cabe, política e eticamente contrários às tiranias, dar voz às potencialidades históricas presentes nessas crises. Ouvir um ser falante como se ali estivesse gritando sua ascendência derrotada e ouvi-lo também como se dali se pudesse chamar o devir de um sujeito novo. No ato de fala de uma sessão de análise não se conta somente a história de um sujeito, mas se desdobra a história condensada em sintoma e neurose: o falar põe em movimento uma história que faz sujeito.

Numa análise, o falar ilumina o passado como coisa presente e, às vezes, faz rupturas entre eles inventando futuros novos. A história constela, de modo não linear, o desejo como determinação e causa.

Apresentam-se no ato de fala as marcas ainda vivas do passado e um conjunto imensurável de futuros disponíveis, todos ali presentes, no aguardo do desejo que os possa costurar.

A ideia de que a história deixa seus resíduos no falasser não é estranha ao próprio Lacan se considerarmos o seguinte trecho:

> *A partir daí, pode se levantar a questão de saber o que o mundo, o que chamamos de mundo no começo, com toda a inocência, deve ao que lhe é devolvido por esse palco. Tudo o que temos chamado de mundo ao longo da história deixa resíduos superpostos, que se acumulam sem se preocupar minimamente com as contradições. O que a cultura nos veicula como sendo o mundo é um empilhamento, um depósito de destroços de mundos que se sucederam e que, apesar de serem incompatíveis, não deixam de se entender muito bem no interior de todos nós.*[2]

Neste trecho, em que Lacan comenta a obra *Pensamento selvagem*, de Claude Lévi-Strauss, articulando razão analítica razão dialética, notamos que a história como encenação deixa resíduos sobre o tempo cósmico do mundo, ou seja, a estrutura como tempo de longuíssima duração.

Podemos notar aqui também quanto o conceito posterior de *alíngua* como *aluvião* se articula com as marcas históricas que se acumulam e se transmitem entre gerações.

Se Lacan chegou a formular que não há relação sexual a não ser entre gerações, podemos indagar se esta relação não se dá justamente

---

2 Lacan, J. (2005). O Seminário, livro 10: a angústia (1962-1963) (p. 43). Jorge Zahar.

na forma dessa transmissão real de *alíngua*. A fantasia edípica, assim, seria somente uma maneira de dar forma épica e imaginarizada ao que acontece carregado de real: nossa história patriarcal, racista e heterocissexista.

Por essa citação é possível interrogarmos as relações entre aquilo que na psicanálise buscamos cernir como *alíngua* e aquilo que Benjamin teorizou como resquícios filogenéticos da mimese na linguagem: o que era esforço mimético de conciliação com a natureza no homem primitivo tornou-se o aluvião da *alíngua* depositado historicamente sobre a estrutura da linguagem.

Deveríamos, talvez, buscar as correlações possíveis entre estes resíduos históricos, os aluviões de *alíngua* e a concepção frankfurtiana de segunda natureza.

> *Os "fatores subindividuais e pré-individuais" que definem o indivíduo pertencem ao reino arcaico e biológico; mas não se trata de uma questão de natureza pura e sim de uma* segunda natureza: *de história que se solidificou e transformou-se em natureza. A distinção entre natureza e segunda natureza, se é estranha ao pensamento social, é, contudo, imprescindível para a teoria crítica. O que constitui a segunda natureza do indivíduo é história acumulada e sedimentada. É história durante tanto tempo não-liberada – história tão monotonamente opressiva – que congelou. A segunda natureza não é simplesmente natureza ou história, mas história congelada que aflora sob a forma de natureza.*[3]

---

3 Jacoby, R. (1977). Amnésia social: uma crítica à psicologia conformista, de Adler a Laing (p. 46). Zahar.

Precisamos nos interrogar se aquilo que o lacanismo tem por hábito justificar como "fato de estrutura" não corresponderia, talvez como fator supraindividual, ao que Jacoby, nessa citação, chamou de segunda natureza (numa referência a Gyorgy Lukács).

Quando ouvimos que é um fato de estrutura que as pessoas procurem um mestre para amar, não percebemos aí a acumulação e a sedimentação históricas do patriarcalismo: segunda natureza.

Quando tomamos como um fato de estrutura que a libido é masculina e a mulher é o Outro para um homem, não ouvimos os ecos aí contidos de séculos e séculos de cristalização da violência de gênero: segunda natureza.

Não é sem efeito que, a cada vez que o clamor crítico revolucionário, em diferentes épocas e sob variadas formas, vem denunciar a verdade histórica do que se coagulou como natureza, muito rapidamente as forças que se acreditam "regenerativas" da sociedade saem das tocas a impor, com o impacto da força bruta, o retorno do que é histórico às suas camisas de força naturalizadoras. É nesses momentos que a horda primeva é encenada, não como estrutura, mas como mostração da destrutividade presente nas suas origens recalcadas.

Vejamos as analogias apontadas por Marques entre a misoginia e o antissemitismo, para que possamos, ao negar tomar de modo criminosamente nazista como "natural" uma suposta inferioridade dos judeus, não fazermos o equivalente propondo como "estrutural" um lugar hierarquizado da mulher em relação ao homem.

> *A analogia do corpo e da mente do judeu e o corpo e a mente da mulher era natural para a virada do século. Na alta cultura alemã, essa imagem da natureza da mulher já estava presente. Todo o vocabulário médico aplicado*

ao corpo da mulher enfatizava sua inferioridade física e mental em relação ao homem. E os termos utilizados eram precisamente paralelos àqueles usados no discurso sobre os judeus.[4]

As relações do antissemitismo com o machismo na Alemanha pré-nazista e nazista são muito nítidas, a ponto de terem participado notoriamente do delírio de emasculação de Daniel Paul Schreber (embora Freud não tenha feito menção a isso).

A relação do fascismo com a misoginia, manifestada atualmente de modo mais violento pelos *chans* de *incels* (*involuntary celibates*), revela a sustentação desesperada do patriarcado sob a forma da secular encarnação sofrida e odienta, em sua forma "heroica", dos filhos do clã totêmico sobre os quais pesaria uma interdição paterna às mulheres.

O patriarcalismo misógino que vem à tona como segunda natureza nos crimes dos *incels* revela que, de fato, no clã totêmico a vítima do assassinato não é o pai, mas a mulher.

E a psicanálise deveria se lembrar disso, e, se precisar mesmo assim de um evento mítico de origem, que seja, então, a caça às bruxas, e não o totem e tabu freudiano. Senão, vejamos a interessante hipótese de Otto Gross, psicanalista que – lembremos – a psicanálise já quis esquecer:

> *Citei anteriormente o comentário resumido de Birstein segundo o qual, conforme Adler, os conflitos internos e suas decorrências são a "triste consequência do preconceito social da superioridade do elemento masculino" – mais*

---

4 Marques, O. H. D. (2017). *Contribuições para a compreensão do nazismo: a psicanálise e Erich Fromm* (p. 70.) WMF Martins Fontes.

precisamente, a triste consequência da posição atual da mulher na sociedade e, sobretudo, na ordem familiar. *Quando disse, anteriormente, que o conflito sexual, "em sua enorme importância, só parece inteligível como expressão de uma condição social e psíquica geral", isso nos leva a dizer o seguinte, se formos a fundo: que a formação da posição atual da mulher na ordem social e familiar foi, na história humana, o trauma mais geral da humanidade – do qual derivou o sofrimento interior da humanidade em si mesmo.*[5]

---

5 Gross, O. (1914). Sobre a simbologia da destruição. In M. Checchia & P. S. Souza Jr. (Orgs.), Por uma psicanálise revolucionária (p. 124). Annablume, 2017.

9. Função ilegível: o não inscritível

Ana Paula Gianesi

Lacan inicia a escrita das fórmulas da sexuação no Seminário 18, *De um discurso que não fosse semblante*. Encontramos, no princípio dessa construção, na aula de 17 de março de 1971,[1] uma interessante proposição sobre a não inscrição da relação sexual.

Na construção da via lógica das fórmulas da sexuação, pautado na lógica aristotélica, Lacan partiu da articulação entre dois polos, a universal afirmativa (UA – todo... é...) e a particular negativa (PN – há ... que não). Viria a colocar, na partida, uma contradição: é possível afirmar "para todo x" porque, necessariamente "há ... que não". Das proposições aristotélicas, Lacan passa ao uso dos quantificadores da lógica matemática ($\forall$, $\exists$). O Universal – $\forall x$ – para todo x, acrescentando-se: função de x. E os quantificadores particulares ($\exists x$, $\overline{\exists x}$), aqueles que escrevem existências, ou seja, escrevem que existem x que funcionam (PA – particular afirmativa) na função

---

1 Lacan, J. (2009). O Seminário, livro 18: de um discurso que não fosse semblante (1971) (pp. 102-104). Zahar.

110 FUNÇÃO ILEGÍVEL: O NÃO INSCRITÍVEL

de x colocada pela universal afirmativa (UA) e que há existência(s) que não se inscreve(m) (PN – particular negativa) na função de x.

A PA (particular afirmativa) designa, então, que há o inscritível.

A PN (particular negativa), neste momento escrita $\overline{\exists}$x.F, diz que o x não é inscritível, ou que não existe x inscritível na função.

(Um parêntese: nesse momento, o "há... que não se escreve", não é exatamente o "há um que não" da negativa que ele propõe um pouco mais adiante, no mesmo seminário. Lacan realizou uma mudança na leitura que fez inicialmente da PN: de $\overline{\exists}$x.F para $\overline{\exists}$xFx. A negação escrita em $\overline{\exists}$x.F, segundo ele, seria foraclusiva, ou seja, ele havia escrito a impossibilidade de escrever o x da função, e essa impossibilidade marcaria um modo de negação não passível de se reverter em afirmação. Mais tarde, com $\overline{\exists}$xFx, ele propõe algo mais próximo de uma negativa simples: o que está negado fora antes afirmado: há (ou houve) um que não – o Pai –; isso seria próprio à *Verneinung*. Não deixa de chamar a atenção que ele tenha escolhido um modo de negação simples, mais propício à neurose, em detrimento de um esquema foraclusivo, o que já apontaria para uma expulsão/inclusão-negativa Real.)

$$Vx.Fx \ (UA) \quad Vx.\overline{Fx} \ (UN)$$

$$\exists x.Fx \ (PA) \overline{\exists x}.F \ (PN)$$

Na trilheira da escrita das fórmulas, Lacan não se atém à PA (como posto há pouco, o que designa o inscritível) nem à UN (universal negativa): "já que aí não se deve escrever F(x) em nenhum x que vocês falem",[2] não designaria, portanto, valor algum. Não se poderia dizer, com a UN, que "há do falasser, há dos sujeitos de linguagem".

---

2 Ibid., p. 104

Inicialmente, entre a UA e a PN, Lacan demonstra que o conjunto universal (sujeitos do inconsciente – para todo x, função de x) possivelmente se forma porque há uma impossibilidade de se escrever a relação sexual. $\overline{\exists}$x.F (PN) – não existe esse inscritível. Vejamos como o destino das fórmulas não sustentadas no Pai (da Horda) seria diferente:

> *Pois bem, é justamente em torno disso que se articula o que acontece com a relação sexual.*
>
> *A questão é o que não se pode escrever na função F(x), a partir do momento em que a função F(x) existe ela mesma para não se escrever . . . ela é, propriamente falando, o que se chama ilegível.*[3]

"Não há relação sexual" é o aforismo que escreve uma impossibilidade. Há algo do sexual, enquanto Real, que não cessa de não se escrever. Há algo que, enquanto escrita do impossível, é ilegível. Há o não inscritível. E isso pode fazer conjunto. Mais ainda, pode resultar, via compacidade, em conjuntos abertos. Porque a relação sexual não existe, há o conjunto dos sujeitos do inconsciente, do desejo.

Caso possamos partir do "não existe x inscritível na função" ou "há o não inscritível", "há o ilegível", podemos pensar na sexuação enquanto o que outrossim aponta um real. Desde o não inscritível/ ilegível (e, acrescentemos, inaudível), podemos pensar sobre o enigma Real do corpo falante, enigma do sexo fora do campo do sentido. Assim, a responsabilidade sexual dxs analistas se evidenciaria. Igualmente, por essa via torna-se possível incluirmos em nosso campo a ideia

---

3 Ibid, p. 104.

112 FUNÇÃO ILEGÍVEL: O NÃO INSCRITÍVEL

feminista segundo a qual gênero é algo que sempre fracassa, que não se completa, que está mais ligado a um devir do que a qualquer fixação.[4]

Diante do "não existe" – da sexuação –, o falasser (os corpos falantes) precisa se inventar, e isso, logicamente, com alguns outros. Nesta direção, parece bastante interessante outra afirmação lacaniana, encontrada no Seminário 21, que coloca o autorizar-se de si mesmo (com alguns outros) para as sexualidades: "O ser sexuado não se autoriza senão por ele mesmo . . . . Ele não se autoriza senão por ele mesmo e eu acrescentaria: e por alguns outros".[56]

Como seria reler as fórmulas retomando essa primeira escrita da PN? Retirando de seu ponto de partida a escolha de Lacan – a exceção, Pai da Horda –, reconhecida pelo próprio como neurose de Freud?[7] Em vez do "Há um que não" – não castrado, o Pai da Horda freudiano –, escreveríamos "x não é inscritível na função"?

---

4 Cf. Butler no documentário *Judith Butler: filosofia em todo gênero* (2006), de P. Zadjermann.

5 Lacan, J. O Seminário 21: Les non-dupes errent (1973-1974). Aula de 9 abr. 1974. (Trabalho inédito)

6 Retiro do corpo do texto, propositalmente, a seguinte parte da citação, aqui sublinhada: "O ser sexuado não se autoriza senão por ele mesmo. *É nesse sentido que, que há escolha, quero dizer que aquilo a que a gente se limita, enfim, para classificá-los masculino ou feminino, no estado civil, enfim, isso, isso não impede que haja escolha. Isto, certamente todo mundo sabe.* Ele não se autoriza senão por ele mesmo e eu acrescentaria: e por alguns outros" (Lacan, J. O Seminário 21: Les non-dupes errent (1973-1974). Aula de 9 abr. 1974). Isso porque Lacan, no momento mesmo em que discorre sobre o autorizar-se, utiliza a noção matemática de limite para reassegurar o clássico binarismo.

7 "É preciso o assassinato do Pai ter constituído – para quem? Para Freud? para seus leitores? . . .É curioso que tenha sido preciso eu esperar este momento para poder formular uma assertiva assim, qual seja, que *Totem e tabu* é um produto neurótico, o que é absolutamente incontestável, sem que por isso eu questione, em absoluto, a verdade da construção" Lacan, J. O Seminário 21: Les non-dupes errent (1973-1974). p. 150).

Também, em vez de ler as fórmulas como inscrição e fixação de modos de gozo (todo e não-todo), a leríamos como uma possível orientação ao não-todo? Desde o não inscritível, caberia à analista forçar (*forcing*) a abertura não-toda? Como seria pensar o *forcing*, que resulta na pertença do indiscernível, do não inscritível, do inaudível – em uma expansão conjuntista (o que então abarca o não absoluto)? Ou a passagem (por meio de operações relativas à compacidade) de um conjunto fechado para um conjunto finito de conjuntos abertos?

Manteríamos a contradição paraconsistente (que derroga o princípio da lógica clássica da não contradição)[8] – que Lacan escreveu do lado todo – entre o possível universal (a universal afirmativa – UA): todo x, função de x e o necessário que desenha a borda – o limite do conjunto (a particular negativa – PN): não existe x inscritível na função. Mas proporíamos uma nova escrita para o não-todo, qual seja, entre o impossível do: não existe x, função de x, e a contingência do: não-todo x, função de x, poderíamos escrever a suspensão paracompleta no lugar do indecidível (o que nos permite derrogar o princípio do terceiro excluído).[9]

A Figura 1 exibe essa escrita das fórmulas da sexuação com os termos da lógica modal (possível, necessário, impossível e contingente) e de lógicas não clássicas.

---

8 A lógica paraconsistente, lógica não clássica, prescinde, justamente, do princípio da contradição (ou da não contradição), qual seja, que algo não pode ser e não ser ao mesmo tempo.

9 Tem nos parecido fundamental pensar o não-todo pela lógica paracompleta, lógica que prescinde do princípio do terceiro excluído e permite o possível ou o indeterminado (e a suspensão de sentido) e não com o indecidível (termo que, embora tenha sido empregado por Lacan, ainda correspondente à lógica clássica).

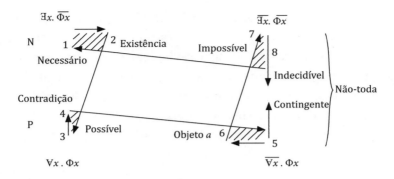

Figura 1: Escrita das fórmulas da sexuação com os termos da lógica modal. Fonte: Lacan, J. (1997). *O saber do psicanalista* (1971-1972). Centro de Estudos Freudianos do Recife. (Publicação para circulação interna

O não inscritível da PN fundaria um universal claudicante (furado, contraditório, logo de partida), o conjunto do que designamos por falasser, esses sujeitos atravessados pela linguagem e pelos acontecimentos de corpo (de corpa): do mistério des corpes falantes, pulsantes. Diante do não inscritível, cada sujeito-corpx-sexuadx precisa radical e continuamente se inventar.

O não-todo, como orientador (po)ético e político, campo a ser forçado por seu caráter suspensivo e incompleto, escreveria a impossibilidade já posta na PN, mais uma vez: a não inscrição que borda o limite do conjunto dos sujeitos-falantes-sexuados, marcando então o não absoluto, o não universal – o acontecimento, o evento –, a contingência, o devir. E nesse ponto a contingência – o que cessa de não se escrever – reencontra o possível – o que cessa de se escrever (cessa de se escrever como sentido, acrescentamos, como sentido hegemônico):

> *Uma proposição é o apagamento do sentido das palavras.... Se ela (língua) é feita disso, do sentido, resta saber*

como: pela ambiguidade de cada palavra, ela se presta a esta função em que o sentido escoa. Ele não escoa nos seus dizeres... por isso a língua é isso. E está mesmo aí o sentido a ser dado a isto que cessa de se escrever. Esse seria o sentido mesmo das palavras que, nesse caso, se suspende. É de onde emerge todo o possível. Que, afinal de contas, alguma coisa que é dita, cessa de se escrever, é bem isso que mostra que, afinal, tudo é possível para as palavras, justamente nesta condição de que elas não tenham mais sentido.[10]

Verifiquemos a escrita das fórmulas como ficou conhecida:

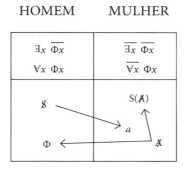

Figura 2: Fórmulas da sexuação.

Parece que conseguimos algum consenso sobre a importância de retirarmos das fórmulas os significantes Homem e Mulher, isso devido ao binarismo que sustentam e da heterocisnormatividade que engendram. Outrossim, retirar esses termos implica uma posição política contrária ao *status quo*: que perpetua o universal

---

10 Lacan, J. (1973-1974). O Seminário 21: Les non-dupes errent (1973-1974). Aula de 8 jan. 1974. (Trabalho inédito)

homem-fálico (cis-branco-hétero-burguês) no lugar de sujeito e a figura do Pai inquestionável (a exceção da sustentação patriarcal). Perpetua, igualmente, o lugar de objeto-corporal já imposto às mulheres e àquelxs Outrificadxs por uma longa história de dominação. Mulheres não-todas inscritas na ordem fálica que, a partir daí, padeceriam de um "dano" *a priori* ou estariam "desprovidas" das qualidades das coisas, como a qualidade das palavras (as não--todas são aquelas que não sabem o que dizem). Encontraríamos lugares menos caricatos a esses significantes, que podem continuar existindo – para aqueles que assim quiserem designar-se, mas que deixam de ser os únicos, deixam de ser os marcadores da diferença sexual e, fundamentalmente, deixam de estar hierarquizados. Se há alguma possibilidade de nos referirmos ao significante "mulheres", como termo estratégico, a mesma está em não o mencionarmos (o significante "mulheres") em conformidade com o que "Lacan dizia das mulheres".

Que x não-todx seja um possível para os sujeitos de linguagem e de corpx sexuadx, isso muda bastante o rumo das coisas... x não-todx não referido à ordem fálica "de alguns" deixa de ser lugar subalterno e ganha força política – fura a hegemonia supremacista, vira voz.

Forçadx, x não-todx pode vir a ser a escrita do não inscritível, a escrita do ilegível, a escrita do inaudível. Mais ainda, essa escrita, como a escrita de uma negação, não redunda em necessidade de afirmação. A abertura que isso implica aponta para a suspensão e para o que pode, a um só tempo, nem não ser nem ser.

(A ordem fálica tornar-se-ia uma possibilidade de sexuação e não mais a referência, a norma, o universal... o que cada um faz com $\overline{ax}$. F é múltiplo, singular e, certamente, do campo da invenção.)

X não-todx, em vez de estar vertidx para o falo (como não-to-do-fálico) pode ser o fim da disputa do/pelo Absoluto, pode ser a própria pertença do não inscritível (pensando o não inscritível como esse pedaço de real indiscernível que, apesar de estar contido nos conjuntos, não pertence a eles). Forçar a pertença do não inscritível, do ilegível, do inaudível, pode, contingencialmente, fazer-se voz – arte – política e pode, pelo possível, romper os sentidos hegemônicos.

Como (re)pensar, então, a parte de baixo das fórmulas? Podemos, enfim, prescindir dela?

Que os sujeitos formam fantasia desde o Real e como resposta ao trauma, isso recolhemos da clínica. Não obstante saibamos o embaraço que esta (fantasia) lhes causa (aos sujeitos) e igualmente que algo do Real segue não se escrevendo (Real enquanto o que não cessa de não se escrever), podemos considerar que a fantasia escrita com o sujeito do lado todo e o objeto do lado não-todo mantém os ditames do poder (lembremos de Beauvoir). O mesmo acontece com as escritas do Falo do lado Homem e tanto o gozo Outro quanto a mulher barrada do lado não-todo. Toda essa fenomenologia (das repetições cotidianas da dominação) pode deixar de ser escrita por nós psicanalista, não?

10. Elementos dialéticos do absoluto (totalidade) e do não-absoluto (alteridade real)

Conrado Ramos

Elementos dialéticos do absoluto (totalidade)

> *O nazismo se embrenhou na carne e no sangue das massas por meio das palavras, expressões e frases impostas pela repetição, milhares de vezes, e aceitas inconsciente e mecanicamente.*[1]

O fascismo não é feito de linguagem refletida, mas de linguagem encarnada. O pensamento que se torna câncer no corpo social. Espalha-se como metástase pelos órgãos e instituições. Não pode se pensar, pois deixa de ser pensamento ao tentar reconciliar-se com a natureza por meio da eliminação das mediações (em oposição máxima à arte).

Por se alimentar do ódio, o pensamento-carne do fascismo tem certezas delirantes (e autodestrutivas). O sentido de suas proposições

---

1 Klemperer, V. (2009). *LTI* (p. 55). Contraponto.

120 ELEMENTOS DIALÉTICOS DO ABSOLUTO (TOTALIDADE)...

não é um sentido possível, mas necessário. Não há lugar para a contingência. O que em sua repetição não encontra lugar, jamais serve para interrogá-lo, pois é antecipadamente e necessariamente dado por falso. Antes, o que dele se apresenta como alteridade é transformado em aberrante comprovação de sua verdade. Assim, não é uma linguagem que se possa tomar numa comunicação, pois serve apenas na forma do ritual, como mimese de si mesma. "*Deklamieren* [declamar] significa literalmente falar alto sem prestar atenção ao que se diz. Vociferar. O estilo obrigatório para todos era berrar como um agitador berra na multidão. . . . A LTI [*Lingua Tertii Imperii* – Linguagem do Terceiro Reich] só se prestava à invocação".[2]

Tomado pela ideologia da guerra, o estilo do fascista é o da convocação dos iguais e o do insulto aos diferentes. Da TV ao Twitter, passando pelos grupos familiares de WhatsApp, a monotonia do estilo é gritante.

A única riqueza do vocabulário fascista diz respeito à variedade de insultos.

Mergulhado no senso comum, é imperativo ao fascismo a destruição de qualquer forma cultural capaz minimamente de dialetizar a aparência. O senso comum, erigido a uma espécie de Constituição paralela a orientar o laço social, faz do argumento crítico uma intolerância para com o pensamento raso da maioria, invertendo, assim, falaciosamente, os lugares do censurador e do censurado.

Expressões empobrecidas por suas generalizações e indeterminações, como "mudar tudo isso que tá aí", transformam-se em proposições aceitas e repetidas em contextos institucionais e formais, como linguagem válida. Mas, junto com ela, valida-se também sua pobreza lógica e comunicativa. Dizendo pouco ou nada, esta linguagem não serve a outra coisa que não o apelo, a invocação, a

---

2 Ibid., p. 65

convocação ao ódio: "mudar tudo isso que tá aí" passa a ser equivalente a "destruir tudo aquilo com o que não concordo". Isso basta e é alçado a único sentido possível.

Vejamos como Dias propõe tomar clinicamente os vociferantes de nosso tempo:

> *Tais sujeitos vociferantes já se fazem presentes através de algumas demandas de tratamento, os quais mantêm, muitas vezes, uma condição de esvaziamento de si mesmos, e ainda com pouca tolerância ao diálogo, aliada a uma expectativa de melhoras rápidas praticamente milagrosas, em que não precisem falar muito. A depender da habilidade e da disponibilidade do psicanalista, poderão se manter um tempo além do que tinham previsto. Isso porque os sintomas, principalmente os que furam o discurso da estupidez e o gozo das vociferações, não cedem com facilidade. Quando não são sintomas portados pelos próprios sujeitos, nós os encontramos através dos filhos, exercendo um tal tipo de mal-estar familiar que os obriga à procura de um profissional que trata pela palavra. Mesmo que o paciente se apresente medicado, o problema se mantém, causando duplicação do desconforto, já que nem a estupidez, nem as vociferações, como mostrei antes, valoriza a fala, tampouco suas possibilidades terapêuticas.*[3]

São os sintomas que furam o discurso da estupidez e o gozo das vociferações. Nesse contexto, o sintoma – resistência do corpo dominado – não é aquilo que resiste à dominação da estupidez?

---

3 Dias, M. M. (2020). *O discurso da estupidez* (pp. 89-90). Iluminuras.

122 ELEMENTOS DIALÉTICOS DO ABSOLUTO (TOTALIDADE)...

De modo inverso, tais discurso e gozo não visariam calar os sintomas? Há uma dialética entre a voz do sintoma e a vociferação?

Recordo aqui um fragmento chamado *Interesse pelo corpo*, no qual Horkheimer e Adorno apoiam na divisão do trabalho a origem da mutilação do corpo:

> *A divisão do trabalho, onde o desfrute foi para um lado e o trabalho para o outro, proscreveu a força bruta. Quanto menos os senhores podiam dispensar o trabalho dos outros, mais desprezível ele se tornava a seus olhos. Assim como o escravo, também o trabalho foi estigmatizado. . . . O corpo explorado devia representar para os inferiores o que é mau e o espírito, para o qual os outros tinham o ócio necessário, devia representar o sumo bem. Esse processo possibilitou à Europa realizar suas mais sublimes criações culturais, mas o pressentimento do logro, que desde o início foi se propagando, reforçava ao mesmo tempo, com o controle sobre o corpo, essa obscena maldade que é o amor-ódio pelo corpo, que permeia a mentalidade das massas ao longo dos séculos e que encontrou na linguagem de Lutero sua expressão autêntica. Na relação do indivíduo com o corpo, o seu e o de outrem, a irracionalidade e a injustiça da dominação reaparecem como crueldade, que está tão afastada de uma relação compreensiva e de uma reflexão feliz, quanto a dominação relativamente à liberdade.*[4]

---

4 Horkheimer, M., & Adorno, T. W. (1991). *Dialética do esclarecimento* (pp. 216-217). Jorge Zahar.

Na relação do indivíduo com o corpo, a irracionalidade e a injustiça da dominação. De um lado, a vociferação como crueldade; de outro, o sintoma como voz do corpo dominado. Da história da divisão do trabalho teríamos herdado – internalizado e sedimentado de diferentes modos em cada um de nós em função de nossas próprias histórias – uma cisão entre a vociferação dominadora e o grito sintomático do corpo dominado? Até que ponto a nossa subjetividade não é objetivamente constituída como um aluvião, mimese mesmo, dessa história de divisão e dominação material do trabalho? (E aqui é importante que se considere como parte dessa dominação o machismo, o racismo e a heterocisnormatividade.)

Quando os sujeitos vociferantes nos chegam assentados de modo totalitário em suas verdades estúpidas – como se tornam estúpidas quaisquer verdades que se totalizam –, talvez sejam inanalisáveis, posto que se ensurdecem a qualquer possibilidade de tomar sintomas como gritos de socorro, pois o que visam, em última instância, é a mais-calar-ainda o corpo, isto é, mais dominação.

Pode haver sujeitos vociferantes, porém, nos quais o grito do corpo ainda se faça ouvir, mesmo que esse grito tenha que aparecer num familiar. Nesses casos o manejo transferencial pode produzir o inconsciente como contingência, isto é, uma surpresa capaz de colocar no lugar da verdade um saber possível sobre este corpo, sem o que as paixões vociferantes jamais cederão da condição de imperativo conferida a uma estupidez a ser tratada.

Enfim, não poderíamos levar adiante as possibilidades do conceito de vociferação pelo caminho de uma dialética entre a vociferação e o sintoma como voz silenciada?

Afinal, lembremos do que disse Adorno, retificando a formulação de que não seria possível escrever um poema depois de Auschwitz: "o sofrimento perenizante tem tanto direito à expressão quanto o martirizado tem de berrar; por isso, é bem provável que tenha sido

124   ELEMENTOS DIALÉTICOS DO ABSOLUTO (TOTALIDADE)...

falso afirmar que depois de Auschwitz não é mais possível escrever nenhum poema";[5] e consideremos a defesa que o próprio Paul Celan (a quem Adorno se refere em sua retificação) fez do poema em seu *O meridiano*:

> *Mas o poema fala! Mantém viva a memória das suas datas, mas – fala. É claro que fala sempre e apenas em causa própria, a mais própria que se possa imaginar.*
>
> *Mas penso – e esta ideia dificilmente vos poderá surpreender agora –, penso que desde sempre uma das esperanças do poema é precisamente a de, deste modo, falar também em causa* alheia *– não, esta palavra já a não posso usar agora –, é a de, deste modo,* falar em nome de um Outro, *quem sabe se em nome de um* radicalmente Outro.
>
> *Este "quem sabe" – e vejo-me chegar aí agora – é a única coisa que, por mim, aqui e agora, ainda posso acrescentar às velhas esperanças.*
>
> *Talvez, é o que tenho de dizer a mim próprio agora, talvez se possa mesmo imaginar um encontro deste "radicalmente Outro" – sirvo-me aqui de um advérbio corrente – com um "outro" não muito distante, mesmo muito próximo.*[6]

Em outros termos, estou propondo que o grito de socorro do dominado não possa ser reduzido imediatamente à vociferação, pois é de outra coisa que se trata quando se recebe a herança de gerações de violentados.

---

5   Adorno, T. W. (1970/2009). *Dialética negativa* (p. 300). Jorge Zahar.
6   Celan, P. (1960/1996). *O meridiano* (p. 55). In P. Celan, Arte poética. Cotovia.

Dou dois exemplos.

Quando uma mulher denuncia "seu porco", não está respondendo em espelho ao "sua vadia" que sofreu dele, pois isto nos levaria a desconsiderar séculos de dominação machista. O "sua vadia" é sim vociferação, mas o "denuncie seu porco" precisaria ser ouvido de outro lugar.

Do mesmo modo, quando um supremacista branco brada o *white power*, está no campo da vociferação, enquanto um negro, ao gritar *black lives matter*, pelo direito à expressão do sofrimento perenizante, merece sua voz posta em um estatuto que o diferencie da vociferação.

Elementos dialéticos do não-absoluto (alteridade real)

Se temos, de uma parte, a personalidade autoritária do vociferante sem furos, para o qual negar a alteridade é uma necessidade de sustentação de um eu narcisicamente absolutizado, de outra parte temos as experiências abertas à alteridade, nas quais podemos localizar a queda de absolutos mortíferos e o erótico como resposta poética-inventiva diante do não inscritível da relação sexual.

Tomemos o seguinte exemplo de uma experiência de Maurice Blanchot:

> *Eu era ainda uma criança, 7 ou 8 anos de idade, e me encontrava numa casa isolada, perto de uma janela fechada, olhando para fora – e num instante, não poderia ser mais repentino, era como se o céu se abrisse, abria-se infinitamente ao infinito, para, por meio desse momento avassalador da abertura, me convidar a reconhecer o*

infinito, mas o infinito infinitamente vazio. O resultado disso foi estranho. O vazio repentino e absoluto do céu, não visível, não escuro – vazio de Deus: isso era explícito e superava de muito a mera indicação ou referência ao divino – surpreendeu a criança com tamanho susto, e com tal alegria, que foi tomada instantaneamente pelas lágrimas, e, preocupado com a verdade, acrescento – eram suas últimas lágrimas.[7]

Por essa experiência de gozo, algo entre o alucinatório e o delirante, Blanchot nos mostra o que há de real na experiência mimética de reconciliação com a natureza como alteridade fugidia.

O infinito do céu para além da janela fechada da casa isolada, grau máximo do "fora" para quem vive num cômodo ao rés do chão, é experiência do não-todo quando não se o encaixota num todo regido por uma exceção.

O céu que convidou Blanchot para além da janela não tem Deus, não é divino, prescinde (em vez de "ir além") de uma referência ao Pai, supera quaisquer exceções demarcatórias, é abertura, é $\overline{\exists x}.F$ (não há x inscritível), como contradição verdadeira ao $\forall x.Fx$ (para todo x vale a função F).

Tentar fazer valer ali, da contingência que uma experiência dessas implica, uma vivência mágica, mítica, religiosa ou estética, circunscrevê-la por meio de sinais quaisquer em busca de sua verdade (encantatória ou não, mas já iluminadora em seu esforço), seria constelá-la, forçá-la num sentido possível, sempre possível, escrevê-la, de algum modo, ou aprisioná-la na repetição totalizante própria ao necessário modal por meio de um dogma qualquer.

---

7 Han, B.-C. L. (2017). *Agonia do Eros* (pp. 17-18). Vozes.

Em contradição à radicalidade do não há x inscritível, isto é, ao impossível, o "para todo x" surge como forçamento inventivo; mas em relação à exceção do $\exists$x.Fx, ao pai não castrado, posto como necessário, o "para todo x" se torna ajustamento dogmático.

Ao colocarmos um totem no lugar do vazio da impossibilidade de inscrição de x, formalizamos uma exceção a funcionar como lei, saímos da lógica do não-todo. Mas por que confundimos a exceção com o vazio? A exceção só se faz necessária numa lógica totalizante; para uma lógica não totalizante basta-nos a impossibilidade da inscrição.

Se há uma dimensão humana que poderíamos chamar de estrutural, ela talvez seja a relação antropológica que há entre a impossibilidade de inscrição e o forçamento mimético do inscritível, ou seja, entre o "não há x inscritível" (a alteridade irreconciliável) e a possibilidade de o não-todo escrever x (e/ou do escrever não--todo x) – uma dialética sem síntese, posto que jamais podemos esperar a total anulação do não inscritível.

Por decorrência, se a estrutura couber à lógica do não-todo, a lógica do todo, na qual o não inscritível é tamponado pela inscrição da exceção, não é outra coisa que um mito da inscrição total. Entre $\exists$x.Fx e $\forall$x.Fx tudo pode ser escrito. No campo dessa contradição entre a escrita da exceção e a escrita da regra, a verdadeira contradição seria que algo não se escreve.

O chamado "lado homem" das fórmulas da sexuação é o mito freudiano da inscrição total, equivalente a fazer passar o inconsciente à consciência. Chamá-lo de estrutural seria dar universalidade à neurose de Freud. O "lado homem" não é a estrutura, mas somente uma de suas vestimentas históricas.

Passemos para um outro exemplo, este agora retirado da ficção:

Era de tarde. Eu, num baloiço, algures no pomar. Sim,
macieiras e não cerejeiras, não houve nódoas vermelhas

no meu vestido, nem antes, nem depois. Sem memória
de pessoas por perto. Apesar de tudo, a presença invisível
dos meus, a minha mãe, o meu pai, os meus irmãos e
irmãs. E eu, no baloiço, cada vez mais livre, cada vez mais
liberta da presença dos meus por uma outra presença. . . .
Mas era de facto muito rápido. Cada vez mais rápido.
E depois, subitamente, no momento do auge, um afrouxar
repentino. Enquanto o baloiço, comigo lá sentada, conti-
nuava a baloiçar à mesma velocidade, pelo menos durante
alguns longos, longos minutos, alguma coisa dentro de
mim despertava, vivificava, graças a esse afrouxar re-
pentino, depois, graças a uma brusca imobilidade, no
meio de – como explicar? – esses círculos repetidos que eu
desenhava com o baloiço, nascia, abria-se, desabrochava,
depois explodia – criava-se ou era criada pela explosão.
Eu tornava-me a coisa e a coisa tornava-se eu. Sim:
foi uma história como mais nenhuma outra – ai, mas
como contá-la?[8]

Na peça de Peter Handke a personagem assim narra ao parceiro de diálogo sua "primeira vez", a primeira experiência reconhecida de gozo sexual.

É curioso observar de que modo, assim como no trecho antes citado de Blanchot, revela-se uma experiência de gozo entre o alucinatório e o delirante. As referências temporais e espaciais são distorcidas em nome de uma descrição assintótica entre a hipervelocidade e a tendência à imobilidade que circunscrevem um nascimento, uma abertura, um desabrochar e uma explosão que nos

---

8 Handke, P. (2014). *Os belos dias de Aranjuez: um diálogo de verão* (pp. 10-11). Documenta.

sugerem a infinitude da alteridade fugidia, irreconciliável, que surge como "uma outra presença", à qual só se tem acesso ao se libertar da presença dos seus. Alteridade essa cuja dimensão de afetação do corpo traz um "como explicar?". E um "mas como contá-la?". Afetação do corpo que se produz em nome de uma indizível reconciliação mimética da qual só se sabe que "eu tornava-me a coisa e a coisa tornava-se eu".

Mas não deixa de ser uma história, embora como mais nenhuma outra.

A inescritibilidade de x ($\overline{\exists x}$.F) faz da mimese a possibilidade da vivência sexual da alteridade e, ao mesmo tempo, a mimese como vivência sexual da alteridade demonstra sua inescritibilidade. A experiência mimética do outro é reconciliação não-toda, por forçar um símbolo no real, sem reduzi-lo a qualquer identidade totalitária. Não é inclusão do infinito nas bordas do todo, mas destotalização do idêntico. Sua libertação da lógica atributiva de um Fx: equivale a escrever $\overline{\forall x}$.Fx.

Se tomamos pela via da lógica a ruptura com o absoluto e a totalidade, na forma do $\overline{\exists x}$.F, como Lacan propõe no Seminário 18, fazemo-lo também dialeticamente, hegelianamente, pela concepção de uma invenção mimética que fosse reconciliação com o Outro (a natureza) ou, de outra forma, uma invenção frente ao "não há relação sexual".

De seu próprio modo, Byung-Chul Han parece propor algo semelhante, também a partir de uma dialética hegeliana:

> Sem a sedução do outro atópico, que acende uma cupidez erótica no pensamento, esse se atrofia em mero trabalho, que reproduz sempre o igual. Falta ao pensamento calculista a negatividade da atopia. É trabalho no positivo.

130   ELEMENTOS DIALÉTICOS DO ABSOLUTO (TOTALIDADE)...

Não há nenhuma negatividade para lançá-lo para a inquietação.[9]

O sempre igual está para a totalidade e a afirmação do positivo assim como o não idêntico está para o não-todo e a abertura ao negativo. A alteridade real negada no primeiro caso (em nome de uma imaginária mesmice egoica) tem função de causa – "inquietação" – no segundo.

"O pensamento é tocado 'mais fortemente', 'mais misteriosamente' pelo bater das asas de eros, no momento em que o outro atópico, inefável procura transpor-se para a linguagem".[10]

O pensamento tocado por eros é aquele que, entregando-se ao esforço mimético, busca forçar o simbólico no real. Que algo novo nesse processo se constele, não é sem a abertura à alteridade sustentada por eros, que segue, como sustenta Han, agonizando em nossa sociedade narcisista atual.

Opondo-se à negação da dimensão não inscritível da alteridade – da alteridade real, se quisermos assim nomear –, Han propõe outra formulação para o destino trágico do Édipo de Sófocles. E o faz a partir de um conto de J. G. Ballard:

O rosto estava oculto, velado pela luz refletida pelos espelhos molhados nas paredes. Maitland subiu rapidamente as escadas, aproximando-se, e o rosto da figura clareou por um momento...

– Judith!

Maitland inclinou-se para a frente na cadeira e buscou inutilmente o jarro de água sobre a mesa. Ele bateu na

---

9   Han, B.-C. L. (2017). *Agonia do Eros* (p. 84). Vozes.
10 Ibid., p. 84.

*testa com a mão esquerda, tratando de afugentar a visão
daquele espantoso demônio feminino.*[11]

Maitland, o personagem do conto "Gioconda do meio-dia crepuscular", de J. G. Ballard, suspende os sentidos da visão após ter
se deparado – com o olhar interior, enquanto teve um mês de olhos
vendados por uma enfermidade – com uma feiticeira demoníaca em
suas imagens hipnagógicas. "Conhecendo agora a moradora, a figura
vestida de verde que o mirava desde a escada, decidiu esperar pela
luz da manhã. Os olhos que o chamavam, o pálido farol do sorriso,
agora flutuavam diante dele".[12]

Em sua condição de alteridade fugidia, o enigma do sorriso da
Gioconda de Maitland fê-lo saber que, para encontrar o Outro, é
preciso livrar-se do tudo ver:

*Maitland foi rapidamente afastando os ramos de salguei-
ro e rumou para a costa. Um instante depois Judith ouvia
seus gritos em meio à algazarra dos gritos das gaivotas.
Parecia meio tomado de dor e meio soando triunfo. Ela
desceu correndo até as árvores, porque não sabia se ele
havia se ferido ou se descobrira alguma coisa de bonito.
Então ela viu que ele estava de pé na costa, sua cabeça
voltada para a luz do sol, o vermelho claro nas faces e
nas mãos; um Édipo alegre, inquieto.*[13]

---

11 Ballard, J. G. (s.d.). A *Gioconda do meio-dia crepuscular*. https://epdf.tips/
download/la-gioconda-del-mediodia-crepuscular.html. (tradução nossa)
12 Ibid.
13 Han, B.-C. L. (2017). *Agonia do Eros* (p. 71). Vozes.

O Édipo de Ballard não se pune por ter matado o pai e casado com a mãe; seu cegar-se é metáfora da escolha da alteridade atópica e fugidia em vez do tédio narcisista da sociedade consumidora de imagens.

11. Forçamento e ativismo[1]

Ana Paula Gianesi

> *Sendo o vazio indiscernível enquanto termo (pois é não-um), sua ocorrência inaugural é puro ato de nomeação. Esse nome não pode ser específico, não pode classificar o vazio no que quer que seja que o subsuma.*[2]

Lembremos, mais uma vez, o tantas vezes citado trecho do Seminário 24 de Lacan:

> *Se vocês são psicanalistas, vocês verão que é o* forçamento *por onde um psicanalista pode fazer ressoar outra coisa, outra coisa que o sentido . . . O sentido, isso tampona; mas com a ajuda daquilo que se chama escritura poética [chinesa] vocês podem ter a dimensão do que poderia ser a interpretação analítica.*[3] *(grifo nosso)*

---

1 Parte deste texto está publicada em: Gianesi, A. P. L., Almeida, B. H. M., & Vogelaar, R. B. (Orgs.) (2016). *Rede clínica*. Escuta.

2 Badiou, A. (1996). *O ser e o evento* (p. 55). Zahar, p. 55.

3 Lacan, J. (1976-1977). O Seminário 24: L'insu que sait de l'une-bévue s'aile à mourre. Aula de 18 abr. 1977. (Trabalho inédito)

Lacan articulava o forçamento-interpretação à poesia chinesa.

Pontuemos, não obstante, que ele já havia tratado esse conceito. Um pouco antes da referência ao *forcing* como o que permite "ressoar outra coisa que o sentido", ele propor a que o forçamento estaria entre S1 e S2. Ele disse, textualmente, que a ligação entre S1 e S2 é puro forçamento.

Lacan falava sobre o equívoco significante, no caso, entre "os-no-mes-do-pai" e "os não-tolos-erram" (equivocação acerca do título de seu Seminário 21), e afirmava que, ali, nos dois "termos", estava o mesmo saber. Mesmo saber por ser o inconsciente um saber no qual o sujeito pode se decifrar (lembrando que a decifração mantém o enigma, mantém a cifra). "Ele o decifra, aquele que por ser falante está em posição de proceder essa operação que é mesmo, até um certo ponto, forçada, até que se atinja um sentido".[4] Podemos pensar na ligação entre S1 e S2 no Discurso do Mestre.

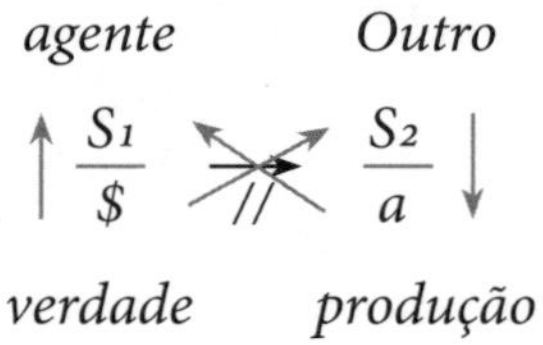

$$\text{agente} \qquad \text{Outro}$$

$$\uparrow \frac{S_1}{\$} \quad \overset{\longrightarrow}{\underset{//}{\times}} \quad \frac{S_2}{a} \downarrow$$

$$\text{verdade} \qquad \text{produção}$$

Figura 3

A operação forçada, que forma sintoma, decorre justamente de os termos que portam o mesmo valor de saber (via equívoco significante) sustentarem o paradoxo, ou seja, a contradição. Isso provoca, contingencialmente, a formação de um sintoma (fazendo então algum sentido). É assim que a neurose opera: isso e aquilo como tendo o mesmo valor de saber. Mesmo valor e conflito, colisão.

---

4   Lacan, J. (1973-1974). O Seminário 21: Les non-dupes errent. Aula de 13 nov. 1973. (Trabalho inédito)

Pela contradição, sentidos se desenrolam (não importando o valor semântico, os termos podem ser contraditórios). E sabemos o quanto a neurose é profícua em relação aos sentidos.

De outra feita, a operação forçada entre S1 e S2 no Discurso do Analista, que escreve a não relação sexual, não apontaria o possível do fazer ressoar outra coisa? Apontaria, portanto, o que suspende o sentido fixo e hegemônico. O mesmo saber, por aqui, refere o além ou o fora do campo do sentido. Ou, ainda, o não-todo-sentido.

$$\uparrow \frac{a}{S2} \quad \diagdown\!\!\!\!\diagup \quad \frac{\$}{S1} \downarrow$$

Figura 4

Pois, vejamos, o forçamento.[5]

Suponhamos uma Situação base (S) fundamental e enumerável (infinita). Conforme propõe Badiou, se uma situação é enumerável (conjunto contável – de mesma cardinalidade de um subconjunto qualquer de números naturais – neste caso, relativo ao infinito contável), existe uma parte genérica: qual seja, aquilo que não se deixa discernir. Em princípio, esta está incluída na situação (é parte dela), mas não lhe pertence.[6] Porém é possível forçarmos uma nova situação (uma extensão genérica) à qual a parte genérica passa a pertencer. Badiou afirma, ainda, que tal procedimento genérico produz (tem como efeito), sempre, o indiscernível. A parte genérica, uma vez pertencente, permanece indiscernível:

---

5 Forçamento (*forcing*, em inglês) é a designação de uma técnica, relativa à teoria dos conjuntos, proposta pelo matemático estadunidense Paul Cohen, na década de 1960.

6 Lembremos da importância da distinção entre "pertencer" e "estar contido" para a teoria dos conjuntos – distinção que livrou a teoria dos conjuntos do paradoxo de Russell. Lembremos, igualmente, da axiomática dos conjuntos, que assevera que o conjunto vazio está contido em todos os conjuntos.

> *A parte genérica, que é desconhecida na situação, é, em contrapartida, um elemento da extensão genérica. Inexistente e indiscernível na situação, ela existe, portanto, na extensão genérica. Permanece, contudo, indiscernível nela. Podemos dizer que a extensão genérica resulta da adjunção à situação de um indiscernível dessa situação.*[7]

A parte genérica, muito embora indiscernível, passa a elemento de uma extensão (conjunto) genérica, o que pode ser "obtido pela fixação de um valor referencial para todos os nomes que pertencem à situação. Assim, embora desconhecidos, os elementos da extensão genérica são nomeados".[8] Muito interessante pensarmos, nesse sentido, que esses nomes podem ser vazios.

Com o forçamento, constatamos que a extensão genérica tem toda sorte de propriedades que já eram da Situação (S). Estava ali contida, mas não pertencia ao conjunto. É preciso forçar seu pertencimento. Desse modo, será com a pertença do indiscernível que se tornará possível expandir um conjunto.

Podemos forçar igualdades (equivalências) e negações.

Badiou afirma não ser evidente o modo como uma condição pode forçar, por sua pertença a uma parte genérica, dois nomes w1 e w2 a terem o mesmo valor referencial numa extensão genérica. Algumas igualdades seriam forçáveis, outras não. Outras, ainda, seriam parcialmente forçáveis. Ele fala sobre esses três casos (forçável, não forçável, parcialmente forçável):

> *Esses três casos desenham, entre suas margens, um campo aleatório, no qual podemos forçar certas veridicidades,*

---

7   Badiou, A. (1996). *O ser e o evento* (p. 334). Zahar.
8   Ibid., p. 333

sem que elas sejam absolutas, ou seja, somente a per-
tença de tal ou qual condição à descrição acarreta essas
veridicidades nas extensões genéricas correspondentes. É
nesse ponto que os enunciados y da teoria dos conjuntos
vão se revelar indecidíveis.[9]

Ele se referia ao forçamento de igualdades (ou equivalências). Poderíamos colocar em outras palavras: há algo da contingência no apontar veridicidades não absolutas (não plenamente calculáveis – verdade não-toda), o que revelaria o indecidível.[10] Sob certas condições, torna-se possível a abertura para o não-todo.

Falar sobre a contingência posta no ponto em que S1 e S2 passam a ter o mesmo valor referencial em uma extensão genérica parece equivalente a pensar sobre termos (com o mesmo saber) que, por contradição (equívoco), enodam contingencialmente um sintoma. Sintoma que se faz, então, necessário (necessário modal). Produzem--se, assim, sentidos (todo). Desse modo, se do conflito entre termos (S1 – S2) uma neurose desencadeia (forma) sintomas, contando com a consubstancial produção de consistências necessárias, em um desamarrar sintomático verificamos o necessário mostrar-se efetivamente contingente e os termos (nomes) revelarem-se vazios (S1, S1, S1). O enodamento, fora, em princípio, fruto do encontro contraditório que fez algo cessar de não se escrever (contingência). A inclusão da contingência revelada pode esvaziar sentidos coesos – por serem potencialmente vazios em predicações/significados, abrem o não absoluto (não-todo).

---

9 Ibid., p. 324

10 Tem-nos parecido fundamental pensarmos o não-todo pela lógica paracompleta, lógica que prescinde do princípio do terceiro excluído e permite o possível ou o indeterminado (e a suspensão de sentido), e não com o indecidível (termo que, embora tenha sido empregado por Lacan, ainda correspondente à lógica clássica).

138 FORÇAMENTO E ATIVISMO

A neurose e sua busca pelo todo (pelo absoluto) parecem fazer do *forcing* entre S1 e S2 sentidos fixos e necessários. Embora tal esforço cotidiano, o revelar da contingência na equivalência (igualdade) entre termos/nomes vazios fura o todo na partida. Os nomes-vazios, forçados em equivalência, rompem espaços coesos.

Como forçar, entretanto, uma negação? Ainda com Badiou (1996), verificamos que a questão que se abre se coloca por uma não necessidade da afirmação. Forçar uma negação não implica uma afirmação, não implica, portanto, sentido: "O conceito da negação, no forçamento, tem alguma coisa de modal: é possível negar desde que não se seja obrigado a afirmar".[11] Sublinhemos que a modalidade, aqui, diz respeito ao possível.

Digamos que, ao forçarmos uma negação de enunciado, suspendemos o sentido:

> *Uma proposição é o apagamento do sentido das palavras . . . . Se ela (língua) é feita disso, do sentido, resta saber como: pela ambiguidade de cada palavra, ela se presta a esta função em que o sentido escoa. Ele não escoa nos seus dizeres . . . por isso a língua é isso. E está mesmo aí o sentido a ser dado a isto que cessa de se escrever. Esse seria o sentido mesmo das palavras que, nesse caso, se suspende. É de onde emerge todo o possível. Que, afinal de contas, alguma coisa que é dita, cessa de se escrever, é bem isso que mostra que, afinal, tudo é possível para as palavras, justamente nesta condição de que elas não tenham mais sentido.[12]*

---

11 Ibid., p. 325
12 Lacan, J. (1973-1974). O Seminário 21: Les non-dupes errent. Aula de 8 jan. 1974. (Trabalho inédito)

Pois bem, verificamos, por essa via, a possibilidade de que o sentido cesse de se escrever (possível modal) – e isso pela não necessidade de afirmação (de qualquer qualidade ou predicado). Que o sentido deixe de ressoar sempre o mesmo. Que o sentido escoe, que se decante. Nem isso nem não-isso – suspensão {(po)ética}.

Assim, podemos dizer que, se por um lado o forçamento de igualdades (dos valores referencias de nomes), de seu pertencimento, tem um aspecto contingencial (aleatório e dependente de condições específicas), por outro, o forçamento da negação abre espaço ao possível da suspensão do sentido. Novamente: não estaríamos falando sobre as duas proposições feitas por Lacan acerca do *forcing*?! Retomando: 1) aquilo que se opera entre S1 e S2, termos estes portadores de mesmo saber, nomes-vazios; e 2) o que se opera fazendo ressoar outra coisa que o sentido?!

Donde concluiríamos que, se o conflito-forçamento pode fazer equivalência entre vazios-nomes, suportes da contradição (incluamos aqui a lógica paraconsistente),[13] a não necessidade de afirmação (forçamento de negação) pode fazer ressoar outra coisa que o sentido – paracompletude.

Não parece trivial pensarmos que o forçamento (o aleatório, o contingente e o possível) abra o poético (o ressoar outra coisa). Da mesma forma, faz-se fundamental a assertiva segundo a qual o não-todo precisa ser forçado. Ao convocarmos o vazio (indiscernível), o que surge para "sabermos fazer com" é da ordem da des-medida (termo proposto por Badiou).

Se a pertença do indiscernível expende um conjunto, pensemos que uma igualdade entre nomes com o mesmo valor de saber pode

---

13 A lógica paraconsistente, lógica não clássica, prescinde, justamente do princípio da contradição (ou da não contradição), qual seja, que algo não pode ser e não ser ao mesmo tempo.

ser forçada – o que implica forçar veridicidades não absolutas e sustentar a contradição (paraconsistência). Também, forçar uma negação (que não se reverte em necessidade de afirmação) aponta para a suspensão de sentido consoante com o que a lógica paracompleta nos ensina: prescindir do princípio do terceiro excluído. Ruptura com o esquema binário V ou F.

O *forcing* nos mostra um caminho lógico-clínico-(po)ético fundamental, revela-se operador para uma orientação não-toda.

Ainda que a trilheira clínica aberta se revele crucial aos tratamentos, talvez possamos pensar em como operar com o *forcing* em relação à própria psicanálise e ao campo psicanalítico. Temos pensado sobre a importância dos ativismos, da crítica descolonial, dos estudos *queer*, dos feminismos e dos movimentos antirracistas e suas relações conflituosas com a psicanálise. Isso por conta do caráter heterocisnormativo, binário, patriarcal, por vezes elitista e não antirracista da última. Frequentemente verificamos psicanalistas fazendo ouvidos moucos a esses discursos e a essas causas. Outras vezes, encontramo-nos com desautorizações, ridicularizações e desqualificações por parte de psicanalistas em relação àquelxs que sustentam tais lutas (ouvimos críticas a supostos "identitarismo", narcisismo, neoliberalismo etc. que ali estariam em evidência – críticas que certamente visam "proteger" a psicanálise, mas, sobremaneira, esconder a identidade universal (branca) que, mais uma vez, não se coloca em questão). Ainda, não menos graves são aqueles discursos correntes que proferem alto e bom som (para tornar ainda mais inaudíveis o que dizem tantos ativistas) que a psicanálise é feminista, trans, antirracista etc., que Lacan é pós-binário e, sobremodo, que estava tudo nas linhas canônicas de Freud e Lacan.

De um modo ou de outro, o que se verifica é o fechamento da psicanálise, em um retorno ao próprio centro e privilégios. Uma teoria fechada, que ora exclui os ativismos, ora os "inclui" como já sendo propriedade da psicanálise (afinal, Lacan já adiantou tudo isso). De qualquer modo, o todo se mantém.

As construções narrativas sobre sexo/gênero e sexualidade realizadas pela psicanálise – e desde seu início – em grande medida harmonizam-se com o *status quo*. Mais do que isso, muito serviram para corroborar (e criar) discursos. Está certo que Freud escandalizou a conservadora Viena com seus ensaios sobre a sexualidade infantil e os conceitos de libido e pulsão. Igualmente, propôs uma bissexualidade inata para os sujeitos (o que também poderia parecer uma proposta interessante). Entrementes, logo vestiu suas descobertas com o Édipo heterocisfalocêntrico, insistiu em colocar as mulheres(cis) como seres com um dano *a priori* (a tal ausência de pênis), a homossexualidade como uma parada no desenvolvimento libidinal "normal", e acabou por dirigir o universal da bissexualidade inata para "resoluções" necessariamente heterossexuais. Lacan, que se propôs a ler Freud sem a herança biológica e anatomista deixada pelo último, não escapou do falocentrismo, das sustentações do Pai, de dizeres bastante complicados sobre as mulheres: inicialmente aquelas que não têm o falo – e por isso são o falo; posteriormente as não-todas fálicas, objetos causa de desejo dos sujeitos-homens, sinthomas para um homem (cada um tem sua cada uma), desprovidas da qualidade das coisas, com empuxo-à-loucura, contadas uma a uma, como Outras do sujeito-homem etc. Tampouco rompeu com o binarismo de gênero, pelo contrário, ajudou a sustentá-lo ao manter os seres sexuados dentro dos binômios Homem-Mulher, masculino-feminino. A heterossexualidade compulsória revela-se em continuidade em suas linhas, bem como a cisgeneridade – com suas graves implicações transfóbicas.

Dizemos que a psicanálise se sustenta no regime da diferença sexual (que alguns colocam como axiomática, real – uma diferença mais diferente que outras diferenças), o que necessariamente redunda em dominação e anatomia. Lacan não cessou de falar sobre pênis, vagina, óvulo e espermatozoide. Quando a diferença sexual precisa ser defendida em conformidade com o binômio Homem Mulher, a teoria sexual se encontra com a anatomia. No limite, o argumento cai sobre a anatomia dos órgãos sexuais ou dos caracteres sexuais secundários. A multiplicidade das corpas e dos corpos, a variedade de gênero e as singularidades das sexuações parecem ficar assim obliteradas.

Como romper esses sentidos coesos que a psicanálise também criou (ecoou) e ainda ajuda a sustentar?

Vejamos a proposta de ruptura de Preciado:

> *Para falar de sexo, de gênero e de sexualidade é preciso começar com um ato de ruptura epistemológica, uma condenação categórica, uma quebra da coluna conceitual que permita uma primeira emancipação cognitiva: é preciso abandonar totalmente a linguagem da diferença sexual e da identidade sexual (inclusive a linguagem da identidade estratégica como quer Spivak).*[14]

Preciado nos propõe uma nova epistemologia, na qual sejamos capazes de reconhecer como políticos quaisquer corpas humanas, sem fazer da designação sexual (ou da diferença racial) sua condição de reconhecimento. A partir disso, ele convoca as/os/es psicanalistxs:

> *O desafio é muito maior. Toca a vocês para ou bem situar-se do lado dos discursos patriarco-coloniais e reafirmar a universalidade da diferença sexual e da reprodução heterossexual ou bem entrar conosco, os*

---

14 Preciado, P. B. (2020a). *Um apartamento em Urano: crônicas da travessia* (p. 141). Zahar.

> *monstros e os mutantes deste mundo, em um processo*
> *de crítica e de invenção de uma nova epistemologia que*
> *permita redistribuir a soberania e reconhecer outras*
> *formas de subjetividade de gênero e sexual como politi-*
> *camente soberanas. . . . Já não podem recorrer aos textos*
> *de Freud e de Lacan como se neles não houvesse um valor*
> *universal, como se esses textos não tivessem sido escritos*
> *dentro da epistemologia patriarcal da diferença sexual.*[15]

Enfim, conseguiremos realizar uma ruptura radical em relação aos discursos patriarco-coloniais tão presentes na psicanálise? Como podemos romper com a epistemologia da diferença sexual? Como tornar essas lutas, que a psicanálise insiste em deixar à margem, presentes e atuantes no campo psicanalítico? Como proceder tais aberturas? Como revirar, mexer, mudar, expandir, furar, trans-formar, trans-bordar o que a psicanálise, enquanto sistema e engrenagem fechadas, teima em manter sólido? Como romper espaços coesos? Como fazer ressoar outra coisa que não os sentidos hegemônicos?

Décio Pignatari escreveu (sob o lema "guerrilha artística", durante a ditadura militar instaurada no Brasil) uma fundamental proposição a respeito do que designou guerrilha artística/poética: "A surpresa contra a redundância".

> *a guerrilha, que exige, por sua dinâmica, uma estrutura*
> *aberta de informação . . . onde tudo parece reger-se por*
> *coordenação e nada por subordinação . . . a guerrilha é*
> *uma estrutura móvel operando dentro de uma estrutura*

---

15 Preciado, P. B. (2020b). *Yo soy el monstruo que os habla: informe para uma academia de psicoanalistas* (pp. 100-101). Cadernos Anagrama. (tradução nossa)

144 FORÇAMENTO E ATIVISMO

rígida, hierarquizada. Nas guerrilhas, a guerra se inventa a cada passo . . . É a informação (surpresa) contra a redundância.[16]

Retomando o conceito de *forcing*, podemos pensar na importância de forçarmos a pertença do indiscernível, do inaudível, do ilegível, do que expande conjuntos rompendo sentidos coesos, do que permite a pertença do não-todo e, igualmente, podemos pensar sobre o forçamento da negação: a pertença de uma negação sem a sequente necessidade de afirmação. Há uma aposta (po)ética e política, aqui. Podemos pensar na guerrilha artística, no que caminha contra a redundância, no que insiste na surpresa, no que pode vir a ser contingência (como abrir condições de possibilidade para isso?). Podemos pensar em rupturas radicais que não venham com novas sínteses (afirmativas). Dizer: isso não! para o binarismo, o sexismo, a heterocisnormatividade, os discurso patriarco-coloniais, a homofobia, a transfobia, o racismo (mesmo que seja por omissão), o elitismo etc. da psicanálise... quiçá tais forçamentos (ao modo guerrilha artística?) possam real(izar) as mui urgentes insurgências de que tanto precisamos...

---

16 Pignatari, D. (1967/2004). Teoria da guerrilha artística. In D. Pignatari, *Contracomunicação* (p. 158). Ateliê Editorial.

12. Artaud e a descolonização como ruptura da sujeição intelectual à razão sem corpo: inconsciente e reencantamento poético do mundo

Conrado Ramos

É interessante notar como Deleuze busca a profundidade da relação entre linguagem e corpo na esquizofrenia, mais especificamente na ideia de corpo sem órgãos de Antonin Artaud.

> *"Nada de boca, de língua, de dentes, de laringe, de esôfago, de estômago, de ventre, de ânus. Eu reconstruirei o homem que sou". (O corpo sem órgãos é feito só de osso e de sangue)*[1]

Consideremos os seguintes trechos de Deleuze:

> *A primeira evidência esquizofrênica é que a superfície se arrebentou. Não há mais fronteira entre as coisas e as proposições, precisamente porque não há mais superfície dos corpos. O primeiro aspecto do corpo esquizofrênico*

---

1 Deleuze, G. (2019). *Lógica do sentido* (p. 91). Perspectiva.

> *é uma espécie de corpo-coador: Freud sublinhava essa aptidão do esquizofrênico para captar a superfície e a pele como perfuradas por uma infinidade de pequenos buracos. A consequência é que o corpo no seu todo não é mais que profundidade e leva, engole todas as coisas nesta profundidade escancarada que representa uma involução fundamental. Tudo é corpo e corporal. Tudo é mistura de corpo e no corpo, encaixe, penetração.[2]*

Na esquizofrenia não há perda de corpo, mas suspensão de superfície. O corpo se alarga, se expande e engole as coisas. Mistura-se com elas. O que era incorpóreo, abstrato, cai num corpo e numa profundidade na qual se misturam.

> *Como não há superfície, o interior e o exterior, o continente e o conteúdo não têm mais limite preciso e se afundam em uma universal profundidade ou giram no círculo de um presente cada vez mais estreito, na medida mesma em que ele é cada vez mais repleto. De onde a maneira esquizofrênica de viver a contradição: seja na fenda profunda que atravessa o corpo, seja nas partes que se encaixam e giram.[3]*

Num corpo sem superfície, o espaço e o tempo entram também em colapso e suspensão. Num presente cada vez mais estreito, diferentes temporalidades se atualizam, fazem dobra e se recobrem como num presente só, que se apresenta como único, último e definitivo. A oposição lógica entre totalidade e particular se desfaz

---

2 Ibid., pp. 89-90
3 Ibid., p. 90

e, na fenda profunda que atravessa o corpo, os órgãos se encontram em liberdade e perdição de ser outra coisa.

> *Nesta falência da superfície, a palavra no seu todo perde o sentido. . . . Mas ela perde, em todos os casos, seu sentido, isto é, sua capacidade de recolher ou de exprimir um efeito incorporal distinto das ações e das paixões do corpo, um acontecimento ideal distinto de sua própria efetuação presente. . . . toda palavra é física, afeta imediatamente o corpo. . . . A palavra deixou de exprimir um atributo de estado de coisas, seus pedaços se confundem com qualidades sonoras insuportáveis, fazem efração no corpo em que formam uma mistura, um novo estado de coisas, como se eles próprios fossem alimentos venenosos, ruidosos e excrementos encaixados. As partes do corpo, órgãos, determinam-se em função dos elementos decompostos que os afetam e os agridem. Ao efeito de linguagem se substitui uma pura linguagem-afeto, neste procedimento da paixão: "Toda escrita é PORCARIA" (isto é, toda palavra detida, traçada se decompõe em pedaços ruidosos, alimentares e excremenciais).*[4]

Na esquizofrenia, o encontro entre corpo e palavra é físico e imediato. A palavra arromba o corpo e se caldeia com órgãos e excrementos. Estranha reconciliação entre sentido e afeto no *non sense* d'A CACA barulhenta que se apossa do corpo sem superfície.

Mas Deleuze parece ver uma dimensão crítica e política como possibilidade transformadora e sublevante para esse corpo:

---

4   Ibid., pp. 90-91

148 ARTAUD E A DESCOLONIZAÇÃO COMO RUPTURA DA SUJEIÇÃO...

> *Trata-se menos, portanto, para o esquizofrênico, de recuperar o sentido que de destruir a palavra, de conjurar o afeto ou de transformar a paixão dolorosa do corpo em ação triunfante, com a obediência em comando, sempre nesta profundidade abaixo da superfície cavada. . . . o triunfo não pode ser obtido agora a não ser pela instauração de palavras-sopros, de palavras-gritos em que todos os valores literais, silábicos e fonéticos são substituídos por valores exclusivamente tônicos e não-escritos, aos quais corresponde um corpo glorioso como nova dimensão do corpo esquizofrênico, um organismo sem partes que faz tudo por insuflação, inspiração, evaporação, transmissão fluídica (o corpo superior ou corpo sem órgãos de Antonin Artaud).[5]*

E, um pouco mais adiante:

> *trata-se de ativar, de insuflar, de molhar ou de fazer flamejar a palavra para que ela se torne ação de um corpo sem partes, em lugar da paixão de um organismo feito em pedaços. Trata-se de fazer da palavra um consolidado de consoantes, um indecomponível de consoantes, com signos moles.[6]*

É notório o uso político da plasticidade pulsional proposta na passagem sugerida da palavra-excremento para as palavras-sopros e palavras-gritos; da fecalidade em decomposição do sentido fonético ao ato de invocação renovadora. Transubstanciação psicótico-messiânica do *status quo* incorpóreo para a materialidade vibrante e sonora de uma glória que não seja transcendente, mas imanente e

---

5   Ibid., p. 91
6   Ibid., p. 92

incorporada. Da bosta do corpo organizado e estancado na funcionalidade passiva à voz ativa e criadora do corpo sem órgãos do sujeito reconstruído – "Eu reconstruirei o homem que sou". E, por que não, também da voz à dança, se a considerarmos a origem mimética de toda linguagem e onde resta um saber se posicionar além e aquém dos sentidos incorpóreos?

A Divina Comédia de Artaud não termina no ascético e insípido décimo céu, mas vai do inferno ao que ele propõe como "outros planos" no teatro da crueldade:

> *Abandonando as utilizações ocidentais da palavra, ela [a linguagem objetiva do teatro] faz das palavras encantações. Ela impele a voz. Utiliza vibrações e qualidades de voz. Faz ritmos baterem loucamente.*
>
> *Martela sons. Visa exaltar, exacerbar, encantar, deter a sensibilidade. Destaca o sentido de um novo lirismo do gesto, que, por sua precipitação ou sua amplitude no ar, acaba por superar o lirismo das palavras. Rompe enfim a sujeição intelectual à linguagem, dando o sentido de uma intelectualidade nova e mais profunda, que se oculta sob os gestos e sob os signos elevados à dignidade de exorcismos particulares.*
>
> *Todo esse magnetismo e toda essa poesia e esses meios de encantamentos diretos nada seriam se não colocassem o espírito fisicamente no caminho de alguma coisa, se o verdadeiro teatro não pudesse nos dar o sentido de uma criação da qual possuímos apenas uma face e cuja realização completa está em outros planos.*
>
> *E pouco importa que esses outros planos sejam realmente conquistados pelo espírito, isto é, pela inteligência; isso é diminuí-los e não interessa, não tem sentido.*

Importa é que, através de meios seguros, a sensibilidade seja colocada num estado de percepção mais aprofundada e mais apurada, é esse o objetivo da magia e dos ritos, dos quais o teatro é apenas um reflexo.[7]

Na descolonização ocidental da palavra e do intelecto reencontramos a voz e o gesto encantados. Reencantamento que se afirma como meio seguro de colocar a sensibilidade num estado de percepção mais aprofundada e apurada, como herança da magia e dos ritos. Não poderíamos pensar este encantamento descolonizante como uma libertação da vitalidade mimética que atravessa os corpos submetidos há séculos a uma razão dominadora? O teatro do terror que a Europa levou aos quatro cantos do mundo é destrutivo e desencantador com os corpos na mesma proporção em que crê sustentar a pureza e a exatidão na condição incorpórea da linguagem. (Benjamin também viu a relação estreita que há entre a nostalgia do ser humano e o mundo vazio dos geômetras.)

Com medo de serem vistos como xamãs, muitos analistas filiaram-se às análises sem corpo das coqueterias significantes, ocupadas em descolar as palavras do corpo – a começar pelo falo –, sem perceberem que a administração estético-ideológica do incorpóreo resulta numa estória de papai-tem/mamãe-não-tem/ filhinho-quer-ter. Essa estória, entretanto, e junto com ela a história ali condensada, pode operar cirurgicamente nos corpos entregues à psicanálise como sobre os indígenas a catequese europeizante da Companhia de Jesus.

Lembremos que, como primeiro espetáculo do Teatro da Cruel-dade, Artaud propõe *A conquista do México*:

---

7 Artaud, A. (s.d.). O teatro da crueldade (primeiro manifesto). In A. Artaud, *O teatro e seu duplo* (p. 77). Martins Fontes.

Porá em cena acontecimentos e não seres humanos. Os seres humanos terão seu lugar com sua psicologia e suas paixões, mas considerados como a emanação de certas forças e sob o ângulo dos acontecimentos e da fatalidade histórica em que representaram seus papéis.

Este tema foi escolhido:

1) Por causa de sua atualidade e pelas alusões que permite a problemas de interesse vital para a Europa e para o mundo.

Do ponto de vista histórico, A conquista do México coloca a questão da colonização. Faz reviver, de modo brutal, implacável, sangrento, a fatuidade persistente da Europa. Permite esvaziar a ideia que a Europa tem de sua própria superioridade.[8]

O que seria um tratamento psicanalítico que considerasse o não-senso próprio das palavras que habitam as paixões e as ações dos corpos que se misturam com a paisagem histórica em que estão? Corpos sobre os quais pesa a ambivalência da paixão desta história e de ser agente de suas rupturas? Os atos do corpo são o dizer possível deste corpo invadido por palavras colonizadoras que se despedaçam em terrível experiência muda. Na profundeza do corpo sem superfície do esquizofrênico berra escancarada, sem metáfora e ideologia, a dominação que se esconde no inconsciente dos corpos com superfície. E não há ouvidos colonizados que possam escutar as paixões e os atos do corpo.

---

8 Artaud, A. (s.d.). O teatro da crueldade (segundo manifesto). In A. Artaud, *O teatro e seu duplo* (pp. 110-111). Martins Fontes.

Quanto aos dominadores, estes não precisam ter corpo: basta-lhes a gestão do incorpóreo – imagens e discurso.

O que ouviria um analista capaz de compreender o xamã yanomami que faz de seu corpo o lugar do sonho no qual podem dançar e cantar os xapiri, como alegorias de cada ser da floresta, para processar a cura e o apaziguamento da natureza?

> *Os brancos nos chamam de ignorantes apenas porque somos gente diferente deles. Na verdade, é o pensamento deles que se mostra curto e obscuro. Não consegue se expandir e se elevar, porque eles querem ignorar a morte. Ficam tomados de vertigem, pois não param de devorar a carne desses animais domésticos, que são os genros de Hayakoari, o ser anta que faz a gente virar outro. Ficam sempre bebendo cachaça e cerveja, que lhes esquentam e esfumaçam o peito. É por isso que suas palavras ficam tão ruins e emaranhadas. Não queremos mais ouvi-las. Para nós, a política é outra coisa. São as palavras de Omama e dos xapiri que ele nos deixou. São as palavras que escutamos no tempo dos sonhos e que preferimos, pois são nossas mesmo. Os brancos não sonham tão longe quanto nós. Dormem muito, mas só sonham com eles mesmos. Seu pensamento permanece obstruído e eles dormem como antas ou jabutis. Por isso não conseguem entender nossas palavras.*[9]

O corpo expandido em estado de sonho do xamã não romperia as superfícies em seu encontro festivo com os seres/cifras/signos feitos

---

9 Kopenawa, D., & Albert, B. (2015). *A queda do céu: palavras de um xamã yanomami* (p. 390). Companhia das Letras.

outros da floresta? O sonhar mais longe precisa de algo do corpo que se mistura e se deixa reencantar pelo que escapa aos sentidos e carece da decifração em ato, longe do incorpóreo desafetado.

(Teríamos na hipótese de Gaia, de que a Terra é um organismo vivo, como corpo sem superfície da natureza, um modo de aprender a sonhar mais longe do que com a lógica fálica e seu darwinismo patriarcal e heterocisnormativo.)

Retomemos Deleuze:

> *Não se marcou bastante a dualidade da palavra esquizofrênica: a palavra-paixão que explode nos seus valores fonéticos contundentes, a palavra-ação que solda valores tônicos inarticulados. Estas duas palavras se desenvolvem em relação com a dualidade do corpo, corpo feito em pedaços e corpo sem órgãos. Elas remetem a dois teatros, teatro do terror ou da paixão, teatro da crueldade essencialmente ativo. Elas remetem a dois não-sensos, passivo e ativo: o da palavra privada de sentido que se decompõe em elementos fonéticos, o dos elementos tônicos que formam uma palavra indecomponível não menos privada de sentido. Tudo se passa aqui, age e padece abaixo do sentido, longe da superfície. Subsentido, infra-sentido, Untersinn, que deve ser distinguido do não-senso de superfície. Segundo a palavra de Hölderlin, "um signo vazio de sentido", tal é a linguagem sobre seus dois aspectos, um signo, de qualquer forma, mas que se confunde com uma ação ou uma paixão do corpo. Eis por que parece muito insuficiente dizer que a linguagem esquizofrênica se define por um deslizamento, incessante e enlouquecido, da série significante sobre a*

série significado. Na realidade, não há mais séries absolutamente, as duas séries desapareceram. O não-senso deixou de dar um sentido à superfície; ele absorve, engole todo sentido, tanto ao lado do significante quanto do significado. Artaud diz que o Ser, que é não-senso, tem dentes. Na organização de superfície que chamávamos de secundário, os corpos físicos e as palavras sonoras são separados e articulados ao mesmo tempo por uma fronteira incorporal, a do sentido que representa de um lado o expresso puro das palavras, de outro o atributo lógico dos corpos. Tanto que o sentido pode muito bem resultar das ações e das paixões do corpo: é um resultado que difere em natureza, nem ação nem paixão por si mesmo e que garante a linguagem sonora de toda confusão com o corpo físico. Ao contrário, nesta ordem primária da esquizofrenia, não há mais dualidade a não ser entre as ações e as paixões do corpo; e a linguagem é os dois ao mesmo tempo, inteiramente absorvida na profundidade escancarada. Nada mais impede as proposições de se abaterem sobre os corpos e de confundir seus elementos sonoros com as afecções do corpo, olfativas, gustativas, digestivas. Não somente não há mais sentido, mas não há mais gramática ou sintaxe e, em última instância, nem mesmo elementos silábicos, literais ou fonéticos articulados.[10]

O corpo fragmentado pela palavra que açoita difere do corpo sem órgãos da palavra que grita. Mas ambos só podem ser encontrados longe da organização secundária, na qual uma superfície faz fronteira

---

10 Deleuze, G. (1969/2019). *Lógica do sentido* (pp. 93-94). Perspectiva.

entre o expresso incorpóreo da palavra e os atributos lógicos do corpo coisificado. O corpo vivo e vibrante da ordem primária lida com signos vazios de sentido, distantes da superfície, na qual o sem sentido é falha de comunicação e não marca de afecção corpórea.

Deleuze, por meio de Artaud, nos faz pensar que não há sintoma que não passe pela "palavra-paixão que explode nos seus valores fonéticos contundentes" e não há força inventiva – sintoma, do mesmo modo, mas assimilado como corpo-ato, quando o Ser mostra os dentes – que não seja a "palavra-ação que solda valores tônicos inarticulados" e se faça não-senso ativo. A arte, a transformação e a cura são, em suas expressões primárias, não-sensos ativos: respostas da transição de um corpo fragmentado a um corpo sem órgãos e sem superfície, que ainda não cedeu à coisificação dessubjetivante da organificação secundária. (E Arthur Bispo do Rosário seria a expressão maior dessa verdade)

Não é o inconsciente, seja na psicose, na neurose ou na perversão, modelo para o corpo esquizofrênico cuja verdade Antonin Artaud trouxe a céu aberto?

Deleuze parece propor algo assim:

> *Podemos encontrar na criança uma "posição" esquizoide antes de ela ter se elevado ou conquistado a superfície. Na superfície mesmo podemos sempre encontrar pedaços esquizoides, uma vez que ela tem precisamente por sentido organizar e estender elementos vindos das profundidades.*[11]

Nisso que Deleuze chamou de "posição esquizoide" – e que não é o caso de confundirmos com e reduzirmos à estrutura psicótica –,

---

11 Ibid., p. 95

busquemos aí aquilo que se passa com um ser-falante quando destituído ao ser tomado pela situação traumática. A palavra perde o sentido e o estado incorpóreo para se misturar regressivamente com estados corporais sem superfície. No trauma uma violência rompe a superfície do corpo e as significações que lhe acompanham misturam-se: erótico, destrutivo, fascinante, repulsivo etc. As proposições degradam-se e se confundem com afecções do corpo. O que era substantivo vira osso; o que era predicado vira sangue; o que era verbo vira paixão.

Mas busquemos aí também a fonte das invenções e sublevações sintomáticas que rompem, interrompem e questionam a ordem posta das superfícies. Haveria qualquer forma de superação em uma análise que não passasse pela imanência ativa do infrassentido das palavras-grito? Aliás, aí reside sua poética e riqueza de significância: não no incorpóreo do ato que podemos encontrar em uma análise, mas justamente no fazer corpo de todo revirão analítico.

Talvez caiba-nos escutar as pulsões como quem escuta as palavras-sopro, as palavras-grito como respostas de corpos sem órgãos.

13. Gilgámesh: poética e gênero

Ana Paula Gianesi

A *Epopeia de Gilgámesh: ele que o abismo viu,*[1] de Sin-léqi-unnínni, traduzido do acádio e comentado por Jacyntho Lins Brandão, traz para a história algumas reviravoltas: é o texto literário mais antigo que conhecemos (até o momento). Uma adaptação de canções sumérias ainda mais antigas (tradição oral), foi um texto bastante popular à época, tendo sido traduzido em várias línguas e encontrado em diversos lugares na Mesopotâmia e regiões ainda mais distantes, como as das atuais Turquia e Jerusalém. Supõe-se que tenha influenciado os textos gregos e o Velho Testamento (com menções ao dilúvio, o homem feito do barro e paralelos entre Shámhat e Eva).

Um verdadeiro clássico que remonta à "origem" da escrita. Escrita pensada não de modo desenvolvimentista ou evolucionista, mas como o que guarda um aspecto de acontecimento. Dá-se, em certa medida, aos saltos.

---

1 Sin-léqi-unnínni. (2019). *Epopeia de Gilgámesh: ele que o abismo viu* (J. L. Brandão, Trad. do acádio, introdução e comentário). Autêntica.

158   GILGÁMESH: POÉTICA E GÊNERO

> *Dessa perspectiva, conforme Woods, pelo que atualmente se conhece "os quatro sistemas de escrita 'prístinos' . . . os quatro momentos da história humana quando a escrita foi inventada* ex nihilo*, do nada – isto é, do princípio –, sem nenhuma exposição ou conhecimento de alguma outra escrita", se deram todos antes da nossa era: na Mesopotâmia e no Egito, no quarto milênio; na China, no segundo milênio; e na América Central, na metade do primeiro milênio. As duas escritas médio-orientais – a cuneiforme e a egípcia – sofrem, a partir do primeiro milênio, a concorrência do sistema alfabético, que não constitui um sistema prístino . . . . Usada no início para as línguas do Oriente Próximo – fenício, hebraico, aramaico e ugarítico –, a escrita alfabética foi em seguida adaptada para o grego, o latim, o russo, o gótico, o árabe e inúmeras outras línguas . . . .* [2]

Haveria algo do ato, *ex nihilo*, no aparecimento dos sistemas de escrita prístinos, mais antigos.

A escrita cuneiforme, que pode datar do século XXIX antes de nossa era, incluía:

> *tomar da argila, fabricar uma tabuinha e sobre ela, com o cálamo, proceder à incisão dos caracteres. É esse movimento característico que se reproduz na Edubba – nome sumério da escola de escribas –, os primeiros exercícios constituindo em segurar o cálamo na mão e com ele traçar os três signos básicos: a cunha vertical, a cunha*

---

2   Ibid., p. 20

horizontal, a cunha oblíqua. Observe-se que, diferentemente do que se pode supor, não está em questão somente o traçado das letras. Um sistema de escrita define-se não só pela configuração dos signos, mas também pelo suporte onde se escreve, aquilo com que se escreve e os movimentos da mão.[3]

Mais que um sistema de configurações de signos, a escrita cuneiforme fazia-se dependente da matéria e do gesto. Havia, assim como se diz sobre os ideogramas, a necessária presença do corpo e do gesto do escriba: o tecer a partir da argila e os movimentos da mão. O corpo contava como escrita. Entrar com o corpo, os movimentos do corpo (desde a fabricação da tabuinha) e o gesto dançante da mão eram fundamentos do escrito. Dança, corpo e escrita pareciam consoantes.

Além da dimensão corporal para a escrita, para o fazer-se escrito, o texto de Sin-léqi-unnínni, a epopeia de Gilgámesh, é um texto-poema. E, enquanto poema, prenhe de significância. A função poética, o deixar ressoar sentidos pela palavra poética, as ambiguidades, contradições e multiplicidades e o que é próprio à suspensão de sentido colocam-se em abundância no texto.

A começar pelo subtítulo, referente ao primeiro verso do poema: "ele que o abismo viu, o fundamento da terra"[4] – Assim começa a epopeia do grande rei – dois terços Deus, um terço humano – Gilgámesh.

Comenta Brandão:

As primeiras palavras do poema, as naqba imuru, poderiam ser vertidas de duas formas, "ele que tudo viu"

---

3 Ibid.
4 Ibid., p. 45

> e *"ele que o abismo viu", uma vez que o termo* naqbu
> *pode ter dois significados, a saber: a) uma totalidade; b) o*
> *abismo subterrâneo de águas que alimentam as fontes.*[5]

Deparamo-nos, logo de saída, com a equivocação significante própria ao poema. Sobremaneira, neste caso, o poeta coloca em cena um duplo sentido por demais interessante para nós, psicanalistas. Um termo que pode significar totalidade e abismo! Totalidade ou abismo? Note-se que, propositalmente, destaquei o "e" e o "ou". Atentemos, outrossim, que não se trata de uma oposição simples entre todo e nada (ou todo ou nada), já que o abismo ao qual o poeta se refere é um abismo de águas que alimentam fontes (de sabedoria/ conhecimento). O segundo verso: "Seus caminhos conheceu, ele sábio em tudo".[6]

Pensando sobre a conjunção e a disjunção "e" e "ou", podemos conjecturar que o par de sentidos pode mais nos colocar na via de uma oposição não-toda. O abismo não é o nada, mas, já que se trata de saberes sobre a finitude e sobre as vicissitudes da existência humana, aproxima-se mais do vazio (um Real cingido) a partir do qual seria possível inventar/criar.

Apresentado inicialmente como um rei absoluto de Úruk, gigante (cerca de 5,5 metros de altura), belo e poderoso, Gilgámesh apaixona-se pelo amigo Enkídu, que morre. Gilgámesh, ferido, parte em uma verdadeira saga em busca da imortalidade, mas retorna tendo aprendido que, embora tenha dois terços de natureza divina, não escapará da morte. O abismo parece ter, a um só tempo, relação com o vazio, esse impossível, e com o saber – um saber Real.

---

5 Ibid., p. 141

6 Ibid., p. 45

Poderíamos, desta feita, nos afastar do aspecto excludente da disjunção "ou", qual seja, totalidade "ou" abismo, e nos fiarmos tanto na conjunção "e" como na ideia de um caminho, um percurso orientado pelo não-todo: de rei ao apontamento do Real. Da totalidade ao não-todo. E, conforme a conjunção "e", perguntarmo-nos até mesmo: o que há de não-todo no todo? E isso, de partida. Ou seja: não seria o Todo um conjunto do qual se poderia deixar decantar ou mesmo extrair o não-todo?

O nome e a nomeação de Gilgámesh também trazem um interessante ressoar homofônico:

> *São os deuses que impõem (nabû) um nome (sumu) ao rei, este nome definindo sua glória . . . chama a atenção para a existência de outro verbo homófono em acádio (nabû e nebû), com o significado de "brilhar", anotando que provavelmente o texto joga com os dois significados: "Gilgámesh" é o nome imposto e esse nome é, além do mais, brilhante, glorioso. Na tradução optei por "renome" para sugerir tanto a imposição do nome quanto seu brilho.*[7]

Os versos:

> *E como Gilgámesh diga: este sou eu, o rei?*
> *A Gilgámesh, quando nasceu, renome lhe deram:*
> *Dois terços ele é um deus, um terço é humano.*[8]

O jogo entre o nome imposto por uma dimensão Outra que o sujeito e a homofonia entre essa imposição e "brilhar" (o que o tradutor

---

7   Ibid., p. 150
8   Ibid., p. 46 (Tabuinha 1)

162 GILGÁMESH: POÉTICA E GÊNERO

tentou transmitir com "renome") coloca uma ambivalência bastante curiosa: imposição e brilho. Nesse caso, o nome é imposto e também coloca como destino o brilho, nomeia-o como brilhante. O desejo do Outro da linguagem aparece nesse trecho de modo contundente.

Os exemplos de homofonia poética são muitos. Igualmente, alguns sonhos são poeticamente relatados. Estes surgem cifrados, os enigmas e metáforas apontam tanto para previsões como para o campo do desejo.

Gilgámesh sonha com a chegada de Enkídu, homem feito do barro, a pedido de Ánu, justamente para fazer frente ao poder absoluto do rei de Úruk, a sua arrogância e a seus assédios. Vejamos o pedido:

> *A Arúru, grande rainha:*
>
> *Tu, Arúru, fizeste a raça humana!*
>
> *Agora faze o que disse:*
>
> *Que um coração tempestuoso se lhe oponha,*
>
> *Rivalizem entre si e Úruk fique em paz!*[9]

Arúru pega o barro e joga-o na estepe. Enkídu, filho do silêncio, vive, inicialmente, com e como os animais. Vive assim até que Shámhat (uma prostituta) seja levada a ele, com função "civilizatória".

Agora, os sonhos de Gilgámesh e as sequentes conversas com sua mãe, em busca do sentido daqueles:

> *Levanta-se Gilgámesh, do sonho busca o sentido, diz a sua mãe:*
>
> *Mãe, um sonho vi esta noite:*

---

9   Ibid., p. 48

Apareceram-me estrelas no céu,

Como rochas de Ánu caíam sobre mim:

Prendi uma, era pesada para mim,

Tentava movê-la, não podia levantá-la;

A terra de Úruk estava em volta dela,

Toda a terra amontoada em cima dela,

Apertava-se o povo em face dela,

Os jovens acumulavam-se em volta dela,

Como uma criancinha pequena beijavam-lhe os pés:

A ela amei como esposa, por ela me excitei,

Peguei-a e deixei-a a teus pés

E tu a uniste comigo

A mãe de Gilgámesh, inteligente, sábia, tudo sabia e disse a seu filho –

A vaca selvagem Nínsun, inteligente, sábia, tudo sabia e disse a Gilgámesh:

Apareceram-te estrelas no céu,

Como rochas de Ánu caíam sobre ti:

. . .

A ela amaste como uma esposa, por ela te excitaste:

Vem para ti um forte companheiro, amigo salvador,

164 GILGÁMESH: POÉTICA E GÊNERO

Nesta terra é ele que rija força tem,

Como uma rocha de Ánu é sua rija força.

A ele amarás como uma esposa, por ele te excitarás,

Ele, forte, sempre a ti salvará.

É bom, é precioso o teu sonho![10]

Em seguida, Gilgámesh conta a mãe um segundo sonho em que havia um machado numa rua da praça de Úruk (e não mais a rocha de Ánu). Ao relato do segundo sonho, a mãe de Gilgámesh, Nínsun, responde-lhe:

Filho, o machado que viste é um homem,

A ele amarás como uma esposa, por ele te excitarás,

E eu o unirei contigo.[11]

Gilgámesh vê os sonhos (bastante interessante a presença do verbo "ver", um sonho como "visto") e procura decifrá-los. Sua mãe, sábia, interpreta a rocha e o machado como um homem a quem o filho amará e por quem se excitará. A interpretação ocorrera tal qual uma interpretação significante, posto que "bola" /rocha (*kisru*) e "machado" (*hassinu*) implicam um "jogo de palavras, respectivamente, com *kezru* e *assinnu*, ambos com sentido de prostituto" (Brandão faz aqui referência a Kilmer, autora que também analisou o texto com ênfase na palavra).[12] Ou seja, o equívoco significante (a homofonia) se fez operar na interpretação

---

10 Ibid., pp. 52-53 (versos 245-273, Primeira Tabuinha)
11 Ibid., p. 54 (versos 288, 289 e 290, Primeira Tabuinha)
12 Ibid., p. 154

("bola" e "machado" são palavras homófonas a outras duas cujo significado comum é "prostituto").

Também podemos destacar, deste trecho fundamental, o laço homoerótico que se coloca de partida e que tem sido objeto de importantes análises de estudos *queer*. Gilgámesh amou Enkídu "como a uma esposa", por ele se excitou (o que aponta para a relação sexual – e não apenas algum amor platônico – entre os heróis da epopeia). Gilgámesh e Enkídu foram companheiros e, após seu encontro, ambos recusaram as mulheres que deles se aproximaram (ainda que a imposição do papel feminino [esposa] a um dos cônjuges, em um casal gay, possa denunciar a homofobia e a heteronormatividade dessa maneira presentificadas).

Outro aspecto, ainda no campo poético, que vale muito destacar é uma passagem em que o autor faz uso de uma estrutura quiástica para poetizar um lamento. Esse modo se encontra na Tabuinha 8:

> *chore-te a Floresta de Cedros (onde matamos Humbaba)*
>
> *chore-te os anciãos (e o povo) de Úruk*
>
> *chore-te ------- das colinas e das montanhas*
>
> *chore-te (lamente-te) a campina, o buxo, o cipreste, o cedro*
>
> *chore-te o urso, a hiena etc. e os animais da estepe*
>
> *chorem-te o Ulaia e o Eufrates*
>
> *chorem-te os moços de Úruk*
>
> *que nosso combate viu ao matarmos o Touro.*[13]

---

13 Ibid., p. 246

166   GILGÁMESH: POÉTICA E GÊNERO

Esse trecho, que relata as aventuras dos parceiros Gilgámesh e Enkídu na floresta do Cedro e no episódio heroico da derrota do grande Touro, é escrito e disposto de forma cruzada. Verifica-se o desenho de metade de um X. Os grupos sintáticos (paralelos) cruzam-se, e o cruzamento possibilita uma inflexão. Brandão comenta: "Observe-se que a inflexão central se faz como passagem de referências vegetais, que coroam a remissão ao feito na Floresta de Cedros, para uma longa relação de animais, que culminará na proeza da morte do touro".[14]

Enfim, podemos acompanhar a leitura da tradução de Gilgámesh e dela extrair inúmeros exemplos de homofonia, equívocos significantes, nomeação desde o Outro e da forma como ícone e como implicação do corpo. O gesto e o corpo se inserem no poético. A forma poética transmite em consonância com as palavras escritas (e ouvidas). Como o que chamamos hoje (desde Mallarmé) poema concreto, o uso da estrutura quiástica fez da forma elemento fundamental da ressonância poética. Há uma hipótese, a ser sustentada, segundo a qual o inconsciente possa operar sobremaneira com esses mesmos termos. Contingencialmente, das coisas vistas e ouvidas (e do oco não-todo), os sujeitos fazem sintomas singulares e construem, cada qual, fantasias próprias. Do não-todo como abismo/fonte, como furo traumático, o inconsciente pulsa corpo e ressoa poeticamente a matéria significante, matéria que, por um giro vertiginoso, serviu-lhe como causa: por contradições, colisões, por homofonias e equívocos, os corpos se deixam marcar e escrever.

Não obstante a riqueza poética que encontramos nessa obra magistral, algumas ponderações podem ser feitas acerca das implicações de gênero que ela guarda e que nos fazem refletir sobre a longa história da dominação patriarcal.

---

14 Ibid., p. 246

Neal Walls, dentre outros, aplicou metodologias de estudos *queer* ao texto de Sin-léqi-unnínni. Pretendo, destarte, enfatizar alguns pontos levantados por Walls em acréscimo a algumas ponderações feitas por Brandão.

Gilgámesh é descrito como um rei que exerce domínio absoluto sobre seu povo. Como tal, arrogava-se o direito de "desfrutar sexualmente da primeira noite com a noiva".[15] Ele fazia sexo com as noivas antes dos maridos daquelas. Brandão cita Cooper em *Virginity in ancient Mesopotamia*:

> *a defloração de uma noiva virgem torna-se uma afirmação do autêntico domínio patriarcal, que faz com que a virgindade seja, antes de tudo, valorizada . . . a defloração por Gilgámesh de noivas recém-casadas . . . demonstra à população que a autoridade do rei, no ápice da estrutura de poder masculina e patriarcal, pode impor--se à autoridade patriarcal de qualquer outro homem, em termos de hierarquia . . .; o droit de seigneur de Gilgámesh tem pouco a ver com os prazeres de deflorar virgens e muito com assegurar que seus maridos saibam quem é o maior patriarca de todos.*[16]

A estrutura patriarcal e o decorrente lugar guardado para as mulheres nesse sistema ficam evidenciados ao longo da epopeia.

Enkídu, após ser criado do barro, viveu entre e como os animais das estepes. Sua entrada na "civilização" e na "cultura" humanas deu-se via Shámhat, uma prostituta que fora chamada para seduzir Enkídu e depois levá-lo a Úruk: "Shámhat é uma personagem-chave no relato,

---

15 Ibid., p. 154
16 Ibid., pp. 154-155

168   GILGÁMESH: POÉTICA E GÊNERO

como se verá a seguir, pois a ela compete humanizar Enkídu, tanto por meio do contato sexual quanto pelos ensinamentos relativos à vida civilizada".[17]

O nome Shámhat deriva de *samhatum*, que significa prostituta e joga com os sentidos de *samhu(m)* "apontando para o viço e a voluptuosidade da mulher . . . 'a prostituta por excelência'" e também de "*harāmu*, separar, no sentido de que se trata de mulheres que viviam isoladas num recinto determinado do templo".[18]

Shámhat surge, na epopeia, como objeto: "Enkídu esteve ereto e inseminou Shámhat . . . Enkídu, como sujeito, tem um papel ativo, Shámhat estando na função gramatical de objeto".[19]

Parece um consenso, dentre os comentadores, que a prostituição, na Mesopotâmia ancestral, era algo ligado ao divino, uma arte civilizatória, um dom dos deuses, uma forma sacramental – não havendo, portanto, qualquer julgamento ou crítica de cunho moral envolvendo a profissão. As prostitutas, em Úruk, eram devotas da deusa Ishtar, deusa do amor sexual, sobre quem falarei logo adiante. Viviam, entrementes, isoladas, "constituíam uma das classes de mulheres ligadas aos templos . . . provavelmente a mais baixa dentre todas, constituídas por 'filhas de escravas' que ficavam 'sob a supervisão de um funcionário de nível inferior'".[20] Nesse sentido, Walls aponta que estudos *queer* se dirigem a essas mulheres como Outro do Outro (outras em relação às mulheres).

Assim, podemos pensar que, muito embora não houvesse quaisquer condenações à prostituição enquanto profissão, ainda assim eram mulheres que permaneciam à margem da sociedade. "De fato, os padrões sociais patriarcais da Mesopotâmia ancestral e a

---

17 Ibid., p. 162
18 Ibid., p. 162
19 Ibid., p. 175
20 Ibid., p. 163

perspectiva androcêntrica de sua literatura, resultam num status ambíguo para a prostituição nas origens da escrita cuneiforme, incluindo o épico Gilgámesh".[21]

A elite de escritores era masculina. Seus valores e pontos de vista transpareciam nos versos. Reproduziam e reeditavam o patriarcado e a visão masculina que já dominava a cultura.

A prostituição era colocada a serviço dos homens, e não como um modo de exaltar a sexualidade feminina:

> *Shámhat é inicialmente tratada mais como objeto do que como pessoa, um corpo sexual feminino manipulado pelos homens, a seus próprios propósitos. Nenhuma preocupação é expressa acerca de sua pessoa, de seu desejo e mesmo de sua segurança . . . Shámhat aqui incorpora a exploração masculina da sexualidade feminina na sua mais flagrante forma.*[22]

O olhar masculino e seu desejo estiveram ali retratados. A resposta masculina pelo olhar dá-se logo no início. Shámhat haveria de mostrar sua vulva a Enkídu – o homem selvagem –, e ele, vendo o sexo feminino, não resistiria, não teria defesa em relação ao que avistava, o nu de Shámhat. O que se desenrola a partir do fascínio produzido pelo corpo feminino nu tem, de fato, longa história:

> *O irresistível fascínio pelo nu do corpo feminino tem uma longa história na literatura Mesopotâmia . . . a sexualidade fálica de jovens e vigorosos deuses é retratada*

---

21 Walls, N. (2001). *Desire, discord and death: approaches to ancient near Eastern mythm* (pp. 20-21). American School of Oriental Research. (tradução nossa)
22 Ibid., p. 21

> *em agressivos estupros de várias deusas, frequentemente*
> *encontradas enquanto se banhavam ... Como na sedução*
> *de Enkídu por Shámhat, a visão do nu feminino incita*
> *um desejo transbordante em cada um desses mitos.*[23]

A ideia de posse pelo olhar e da virada para atos violentos em relação ao corpo feminino (dessa mulher reduzida ao corpo), por parte dos homens, já se desenhava nitidamente naquele momento. A mulher como um "objeto visual" que provoca e desperta o desejo do homem (esse, sim, sujeito – como disse, muitos anos mais tarde, Simone de Beauvoir), que, por sua vez, não consegue controlar (e não deve controlar) seus "instintos", são também flagrantes.

O ato de iniciação de Enkídu se deu com Shámhat mostrando seu sexo e abrindo suas pernas para a cópula. Nada do desejo daquela fora mencionado. Sua "tarefa" surge como uma "tarefa de mulher", refletindo sua total objetificação.

Shámhat, igualmente, é apresentada na epopeia com a função de intermediação entre natureza e cultura. Ela inicia Enkídu na "civilização". Logo após a longa cópula, que compõe o processo de entrada na cultura (Enkídu adentra a humanidade por meio do sexo), Shámhat "continua a representar um tradicional papel feminino, educando o homem selvagem. Em uma função materna, Shámhat ensina lições da infância, como comer e beber de modo apropriado e vestir-se".[24]

Após os ensinamentos, Shámhat surge como sujeito desejante e o poeta muda os termos referentes à relação entre ambos, de modo a deixar aparecer uma subjetividade sexual feminina. Da cópula realizada exclusivamente por Enkídu, o termo usado passa a ser "e fizeram

---

23 Ibid., p. 22
24 Ibid., p. 29

amor", indicando participação desejante dela. Ela ganha voz por um instante. Não obstante o papel eloquente que desenvolve naquele curto espaço de tempo, assim que adentram a cidade de Úruk, ela em companhia de Enkídu, a Shámhat não mais será permitida falar. Tal silenciamento pode ser explicado pela perspectiva patriarcal que a define enquanto existência.[25] Há uma evidente articulação entre a condição de objeto absoluto e a ausência de voz.

Mesmo que ponderemos que a prostituição fosse considerada profissão sagrada e que a entrada na cultura se desse prioritariamente por essa iniciação sexual, destacam-se, sem dúvida, o lugar mudo e marginal das mulheres, o lugar daquelas para os homens, como objetos dos homens.

Exceção ao conjunto das "filhas de escravas", a Deusa do amor sexual, Ishtar, desempenha um interessante papel na trama: "Ishtar inverte a exploração patriarcal de Shámhat forçando Gilgámesh a um papel passivo como objeto erótico de seu agressivo desejo feminino, simbolizado por seu olhar desejoso".[26]

Após triunfar em uma batalha ao lado de Enkídu, Gilgámesh banha-se aos olhos admirados da deusa. Ela olha desejosa a beleza de Gilgámesh, seu corpo e seu cabelo destacam-se. Ela verbaliza sua paixão e propõe ao rei casamento.

> À beleza de Gilgámesh os olhos lançou a majestosa Ishtar:
>
> Vem, Gilgámesh, meu marido sejas tu![27]

Walls sublinha que, enquanto o episódio entre Shámhat e Enkídu constrói uma poética de desejo baseado na heterossexualidade

---

25 Ibid., p. 32

26 Ibid., p. 34

27 Sin-léqi-unnínni. (2019). *Epopeia de Gilgámesh: ele que o abismo viu* (p. 82) (J. L. Brandão, Trad. do acádio, introdução e comentário). Autêntica.

172 GILGÁMESH: POÉTICA E GÊNERO

compulsória e no foco androcêntrico próprios à cultura patriarcal, a voz de Ishtar traz o contratema do desejo feminino, desafia as ênfases do patriarcado no falo e no útero, ainda que conserve uma perspectiva estritamente heterossexual.[28] Igualmente, parece bastante importante que Walls faça notar a ausência completa de referências à sexualidade e ao amor lésbico na literatura da época. Na epopeia em questão, fica evidente o amor e a sexualidade entre dois homens, mas as mulheres, desejantes ou não, aparecem como estritamente heterossexuais.

> *Ishtar introduz a questão da sexualidade feminina no épico, a libido ao invés do maternal . . . privilegia o clitóris e não o útero . . . demanda, para si, gratificação sexual . . . a deusa Ishtar opõem-se à objetificação das mulheres . . . como a lista de seus amantes descartados mostrará, sua erótica ativa a conduz a explorar a sexualidade masculina de acordo com seu próprio prazer.*[29]

Enquanto voz do desejo feminino, a personagem de Ishtar tem força e importância.

A resposta de Gilgámesh, entretanto, foi de recusa:

> *Se eu contigo casar,*
>
> *. . .*
>
> *Qual esposo seu resistiu para sempre?*
>
> *Qual valente teu aos céus subiu?*

---

28 Walls, N. (2001). *Desire, discord and death: approaches to ancient near Eastern myth* (p. 36). American School of Oriental Research.

29 Ibid.

Vem, deixe-me contar seus amantes:

. . .

E queres amar-me e como eles mudar-me![30]

Em sua recusa, Gilgámesh lista os amantes de Ishtar e seus destinos trágicos. Entre animais e pessoas, Gilgámesh afirma que alguns apanharam, tiveram asas quebradas, outros viraram sapos, beberam água suja. Ele não quereria destino assim. Ishtar sente-se insultada e aos céus sobe a pedir ao pai por vingança.

Embora a narrativa tenha sido colocada assim, interpretações dessa passagem traduzem os insultos a Ishtar como decorrência da ameaça que ela representou à hegemonia masculina e sua ideologia competitiva de dominação e subjugação: "Então, a objetificação de um homem resulta em perda de sua virilidade e masculinidade".[31]

Diante da ameaça de perda de poder viril, Gilgámesh teria proferido insultos contra Ishtar:

> *a rejeição a Ishtar pode ter sido baseada na usurpação, por parte dela, do papel masculino . . . Ishtar simbolicamente . . . colocou-o em um papel feminino, e então Gilgámesh a reprovou por seus insultos a ele. A seu modo, Gilgámesh forçou a retomada de controle da situação . . . e manteve sua identidade masculina.*[32]

Podemos pensar, também, que tanto Gilgámesh quanto Enkídu rejeitaram mulheres após seu encontro erótico-amoroso. Desse

---

30 Sin-léqi-unnínni. (2019). *Epopeia de Gilgámesh: ele que o abismo viu* (pp. 83-84) (J. L. Brandão, Trad. do acádio, introdução e comentário). Autêntica.

31 Walls, N. (2001). *Desire, discord and death: approaches to ancient near Eastern myth* (p. 39). American School of Oriental Research.

32 Ibid., p. 40

174 GILGÁMESH: POÉTICA E GÊNERO

modo, a recusa de Ishtar corresponderia ao fato de que seu desejo e investimento libidinal estivessem voltados a Enkídu.

De todo modo,

> *Ishtar introduz um terceiro constructo que promove o prazer sexual feminino, simbolizado pelo clitóris (em acádio, a vulva). Ishtar dá voz ao contratema do desejo feminino, opondo-se à ênfase patriarcal em ambos, útero e falo, no sentido de avançar a possibilidade da gratificação sexual feminina.*[33]

Enfim, as duas personagens femininas, Shámhat e Ishtar, trazem consigo aberturas para discussões de gênero bastante interessantes. Ainda que o gesto e a escrita dos poetas, pautados pelo patriarcado e pelo falocentrismo que os habitava, fossem negacionistas em relação a quaisquer possibilidades não cis e/ou heteronormativas para as mulheres, a presença da mulher desejante, para além da reificação corporal e do muro do mutismo, da ausência de voz, é correlata ao apontamento do que pode estar além da política do absoluto, da dominação, da sujeição do Outro. O desejo (e a voz) daqueles que são historicamente colocados como Outros, como "subalternos" sem fala, pode, subversivamente, furar a ordem vigente e abrir o conjunto fechado que o androcentrismo procura impor.

---

33 Ibid., pp. 49-50

14. Vozes da Mesopotâmia

Conrado Ramos

Enfim, podemos acompanhar a leitura da tradução de Gilgámesh e dela extrair inúmeros exemplos de homofonia, equívocos significantes, nomeação desde o Outro e da forma como ícone e como implicação do corpo. O gesto e o corpo se inserem no poético. A forma poética transmite em consonância com as palavras escritas (e ouvidas). Como o que chamamos hoje (desde Mallarmé) poema concreto, o uso da estrutura quiástica fez da forma elemento fundamental da ressonância poética. Há uma hipótese, a ser sustentada, segundo a qual o inconsciente possa operar sobremaneira com esses mesmos termos. Contingencialmente, das coisas vistas e ouvidas (e do oco não-todo), os sujeitos fazem sintomas singulares e constroem, cada qual, fantasias próprias. Do não-todo como abismo/fonte, como furo traumático, o inconsciente pulsa corpo e ressoa poeticamente a matéria significante, matéria que, por um giro vertiginoso, serviu-lhe como causa: por contradições, colisões, por

176   VOZES DA MESOPOTÂMIA

homofonias e equívocos, os corpos se deixam marcar e escrever. (p. 166 deste volume)

Se o mito de origem mais antigo que temos documentado é o do ser humano feito do barro – e do mesmo modo as tabuinhas sobre as quais a escrita desse mito se realizou e se presentificou como origem cuneiforme possível da própria escrita –, talvez seja legítimo pensar que o que o personagem desse mito, Gilgámesh, vê e ouve, sobre ele age como cunhagem no corpo. Dizer e dito se encontram: o dito (o poema *sobre* Gilgámesh) mimetizando os gestos do dizer (o ato de escrevê-lo nas tábuas de argila). A materialidade da tabuinha e o ato de criação do escriba convergem na humanidade como existência pulsional-corpórea que se faz marcada pelos significantes do Outro.

A análise que Ana Gianesi propõe do poema e dos comentários de Gilgámesh, a partir da teoria psicanalítica, faz surgir diante dos olhos o corpo-pulsional-falante do sujeito do inconsciente em sua mais nítida dimensão de poema concreto.

Não obstante, Gianesi não se rende às leituras avessas à história da dominação que marca secularmente e, talvez, milenarmente nossos corpos-pulsionais-falantes. Atenta aos lugares dados às mulheres no poema e acompanhada de estudos *queer*, ela não opta pela solução ideológica mais comum à psicanálise, qual seja, a de tomar as cunhagens dos lugares masculinos e femininos nos sujeitos como eternidades estanques ungidas como "lados" homem e mulher. Ao contrário disso, ela nos alerta que o escriba em questão é, historicamente, homem e patriarcal: "A elite de escritores era masculina. Seus valores e pontos de vista transpareciam nos versos. Reproduziam e reeditavam o patriarcado e a visão masculina que já dominava a cultura" (p. 169 deste volume).

A abstração do Outro simbólico, embora necessária ao esvaziamento dos excessos imaginários da tomada de um inconsciente estruturado como uma linguagem, arrisca-se, muitas vezes, a esconder ou não enxergar relações de dominação que podem ser lidas quando buscamos a dimensão real que a história nos impõe tão logo pensemos que a mão que cunha as tabuinhas não é somente um conceito ou uma pessoa da realidade, mas uma construção de longa duração encarnada, ela também, e historicamente, como fonte reprodutora e absolutamente não neutra de tudo aquilo que se transmite de violência e gozo junto com a linguagem.

Sob a capa lógica e asséptica do Outro da linguagem, podemos achar, algumas vezes, como segunda natureza, o que só pôde se consolidar ao longo do tempo e sob sangue derramado. É imprescindível que possamos ler no corpo-pulsional-falante o que do Outro assim considerado, isto é, para além do simbólico, também se transmitiu.

Uma vez que os desdobramentos estruturalistas da teoria psicanalítica têm já há tempo, e desde o próprio Lacan, revelado seus limites, precisamos nos arriscar por caminhos teóricos capazes de nos trazer à tona perspectivas do inconsciente que ainda não exploramos. Talvez possamos pensar aqui num esforço de distinção entre o que se configura como resistência à dominação histórica – o que temos chamado de mimese – e o que se apresenta como história naturalizada – segunda natureza. Essa distinção se faz sentir, ao menos neste momento – e isso fica patente no texto de Ana Gianesi –, como potencialidades impedidas pela leitura estrutural da psicanálise. Daí nossa insatisfação política com as reificações estruturalistas do inconsciente.

Até mesmo as concepções lógico-matemáticas das fórmulas da sexuação podem ser interrogadas e subvertidas politicamente quando lidas a partir da escuta da dominação histórica que se escreve sobre os corpos-pulsionais-falantes. É o que podemos extrair, como exemplo, do último parágrafo do texto de Gianesi:

Enfim, as duas personagens femininas, Shámhat e Ishtar, trazem consigo aberturas para discussões de gênero bastante interessantes. Ainda que o gesto e a escrita dos poetas, pautados pelo patriarcado e pelo falocentrismo que os habitava, fossem negacionistas em relação a quaisquer possibilidades não cis e/ou heteronormativas para as mulheres, a presença da mulher desejante, para além da reificação corporal e do muro do mutismo, da ausência de voz, é correlata ao apontamento do que pode estar além da política do absoluto, da dominação, da sujeição do Outro. O desejo (e a voz) daqueles que são historicamente colocados como Outros, como "subalternos" sem fala, pode, subversivamente, furar a ordem vigente e abrir o conjunto fechado que o androcentrismo procura impor. (p. 174 deste volume)

A reificação corporal e o muro do mutismo impostos à mulher não são traços universais ou fenomênico-estruturais do feminino, mas sintomas históricos do patriarcalismo; em contrapartida, a presença da mulher desejante no poema configura o que escapa à dominação, "fura a ordem vigente e abre o conjunto fechado que o androcentrismo procura impor". É o próprio corpo-pulsional-falante que resiste e fala nos interstícios das tabuinhas e apesar do escriba masculino e patriarcal.

Ana Gianesi nos mostra que, em última instância, o corpo-pulsional-falante do poema não está no Gilgámesh, ele que o abismo viu, mas dividido, em especial, nas figuras de Shámhat e Ishtar.

É do lugar delas que o sujeito nos fala, desde a Mesopotâmia, há cerca de quatro milênios.

15. Dissonâncias[1]

Ana Paula Gianesi

Podemos nos deixar habitar por vozes dissonantes – e tantas vezes inaudíveis? Por dizeres que, desde as críticas descoloniais, convocam-nos a vislumbrar outras formas de saber e de conhecer? Quiçá provoquem-nos certas quedas e um sublinhamento dos quase sempre alheios. Ou o abrir de ouvidos, outrora moucos, ao vozear daqueles Outrificados que são "simultaneamente invisíveis como sujeitos e expostos enquanto objetos"[2] (como tão bem disse Jota Mombaça).[3] Uma aposta no efeito de furo que a mudança na escuta pode trazer.

Logo de início, entrementes, vejo-me orientada por um escrito/alerta de Jota Mombaça:

> *Quando uma pessoa branca diz "usar seu privilégio"*
> *para "dar voz" a uma pessoa negra, ela diz na condição*

---

1   Parte do presente texto foi lido por ocasião da arguição da tese de doutorado de Karla Rampim Xavier, cujo título é: *Os discursos em Lacan e a práxis feminista: Lélia Gonzalez para seguir adiante* (27 jun. 2022).

2   Mombaça, J. (2021). *Não vão nos matar agora* (p. 76). Cobogó.

3   Agradeço à Mariana Castro por me ter apresentado a obra de Jota.

de que essa "voz dada" possa ser posteriormente metabolizada como valor sem com isso desmantelar a lógica de valorização do regime branco de distribuição das vozes. Isso se deve ao fato de que, segundo a economia política das alianças brancas, "dividir privilégio" é sempre, contraditoriamente, uma fórmula que visa a "multiplicação dos privilégios" e não a sua abolição como estrutura fundamental da reprodução de desigualdades.[4]

O que seria, então, escutar as vozes inaudíveis sem fazer disso escabelo para mais privilégio hetero-cis-branco etc.? Ou, como escreveu Grada Kilomba (2019), como seria fazer escutar para quem sempre foi habituado a falar?

Gosto muito de um trecho de Lélia Gonzalez, que outrossim transmite algo muito próximo ao *Sobre o conceito de história* de Walter Benjamin, qual seja:

A gente tá falando das noções de consciência *e de* memória. *Como consciência a gente entende o lugar do desconhecimento, do encobrimento, da alienação, do esquecimento e até do saber. É por aí que o discurso ideológico se faz presente. Já a memória, a gente considera como não saber que conhece, esse lugar de inscrições que restituir uma história que não foi escrita, o lugar da emergência da verdade, dessa verdade que se estrutura como ficção. Consciência exclui o que a memória inclui. Daí, na medida em que é o lugar da rejeição, a consciência se expressa como discurso dominante (ou efeitos desse discurso) numa dada cultura, ocultando a memória,*

---

4 Ibid., pp. 40-41

*mediante a imposição do que ela, consciência, afirma
como a verdade. Mas a memória tem suas astúcias, seu
jogo de cintura; por isso, ela fala através das mancadas do
discurso da consciência. O que a gente vai tentar é sacar
esse jogo aí das duas, também chamado de dialética. E,
no que se refere à gente, à crioulada, a gente saca que a
consciência faz tudo para nossa história ser esquecida,
tirada de cena. E apela para tudo nesse sentido. Só que
isso tá aí... e fala.*[5]

Isso fala: o esquecido, o desconhecido, os escombros, os restos, os dejetos... isso fala. O escondido, o escanteado, os sussurros, o apagado, o não narrado, o ocultado, o silenciado, isso fala. O inaudível, o invisibilizado, o não inscritível, isso fala. O que claudica, deixa dizer. Perguntemo-nos, destarte, com Lélia: como fazer disso memória?

Isso que toma voz e se torna voz. Pontuemos algumas frases e expressões trazidas por feministas: não sou eu uma mulher?;[6] erguer a voz,[7] ato de fala,[8] pode a subalterna falar?,[9] a máscara do silenciamento[10] etc. Isso que pode ser, consubstancialmente, radicalmente singular e coletivo. Advindo da diferença absoluta, não sem alguns outres.

Por falar sobre voz, vale nos dedicarmos a trechos de um manifesto de Pedro Lemebel, a saber: "Falo por minha diferença":

---

5 Gonzalez, L. (2020). *Por um feminismo afro-latino-americano* (pp. 78-79). Zahar.
6 Truth, S. (1851). *E não sou uma mulher?* https://www.geledes.org.br/e-nao-sou-uma-mulher-sojourner-truth/?amp=1.
7 hooks, b. (2019). *Erguer a voz: pensar como feminista, pensar como negra.* Elefante.
8 Gonzalez, L. (2020). *Por um feminismo afro-latino-americano.* Zahar.
9 Spivak, G.C. (1985/2014). *Pode o subalterno falar?* (S. R. G. de Almeida, M. P. Feitosa & A. Pereira, Trad.). UFMG.
10 Kilomba, G. (2019). *Memórias da plantação.* Cobogó.

182 DISSONÂNCIAS

Falo pela minha diferença

Me aborrece a injustiça

E suspeito desta lenga-lenga democrática

Mas não me fale do proletariado

Porque ser viado e pobre é pior

Tem de ser ácido para suportar

. . .

Não haverá um viado em alguma esquina

desequilibrando o futuro do seu novo homem?

Vão nos deixar bordar de pássaros

as bandeiras da pátria livre?

O fuzil fica com o senhor.[11]

"Bordar de pássaros as bandeiras da pátria livre" e desequilibrar "o futuro do novo homem". Além de indicar a problemática do poder fálico e bélico, Pedro também nos aponta a interseccionalidade: "ser viado e pobre é pior".

Pensando, por nova trilheira, o "isso fala", da diferença, com os feminismos interseccionais e com os ativismos *queer* e trans, retomemos a pergunta de Kilomba: como aqueles que estão apenas habituados a falar podem escutar?

Novamente, Jota Mombaça:

---

11 Lemebel, P. (s.d.). *Falo por minha diferença*. https://www.escritas.org/pt/t/47938/manifesto-falo-por-minha-diferenca.

> *Nomear a norma é o primeiro passo rumo a uma redistribuição desobediente de gênero e anticolonial da violência, porque a norma é o que não se nomeia, e nisso consiste seu privilégio. A não marcação é o que garante às posições privilegiadas (normativas) seu princípio de não questionamento, isto é: seu conforto ontológico, sua habilidade de perceber a si como norma e o mundo como espelho. Em oposição a isso, "o outro" – diagrama de imagem de alteridade que conformam as margens dos projetos identitários dos "sujeitos normais" – é hipermarcado, incessantemente traduzido pelas analíticas do poder e da racialidade, simultaneamente invisível como sujeito e exposto enquanto objeto. Nomear a norma é devolver essa interpelação e obrigar o normal a confrontar-se consigo próprio, expor os regimes que o sustentam, bagunçar a lógica do seu privilégio, intensificar suas crises e desmontar sua ontologia dominante e controladora.[12]*

A interseccionalidade nos ensina que a luta não é necessariamente "identitária" (modo corriqueiro de desvalorização daqueles que insistem em pautas que nos mostram que em "classe" há raça, gênero e sexualidades – para dizer o mínimo), mas é uma luta contra a opressão que torna transparentes a identidade e a corporeidade do dominador.

Nomear a norma seria, assim, uma afronta aos não marcados, uma interpelação. Uma denúncia que pode nos fazer repensar esse lugar Outro, lugar dos hipermercadxs e reificadxs.

---

12 Mombaça, J. (2021). *Não vão nos matar agora* (pp. 75-76). Cobogó.

184 DISSONÂNCIAS

(Pensemos a heterocisnormatividade, com Monique Wittig[13] e Judith Butler,[14] e com Cida Bento,[15] entre outres, o pacto da branquitude. E pensemo-los como pactos políticos correlatos.)

Podemos dizer que o pacto masculinista heterocis normativo faz conjunto com o pacto da branquitude. Acredito que tal pacto masculinista da branquitude traduz-se no enredamento de poder que vai sendo passado de homem heterocis (branco-burguês) para homem heterocis (branco-burguês). Rede que opera a manutenção do heteropatriarcado racista, conforme pudemos ler com Angela Davis.[16]

Acho muito interessante, entretanto, que Cida Bento[17] nos coloca que não se trata de uma teoria da conspiração, mas de um sistema de poder que se produz e reproduz – histórica, econômica e discursivamente. Denise Ferreira da Silva[18]nos mostra como o Brasil precisa das(os) indígenas e negras(os) mortes para continuar existindo. Silvio Almeida[19] também nos coloca que o capitalismo necessita do racismo.

Constatemos, sobremodo, que o capitalismo precisa desse pacto masculinista da branquitude para seguir com seus sistemas de poder.

Escreve Jota Mombaça:

---

13 Wittig, M. (1992/2022). *O pensamento hétero e outros ensaios* (M. M. Galvão, Trad.). Autêntica.

14 Butler, J. (1990/2018). *Problemas de gênero. Feminismo e subversão da identidade.* Civilização Brasileira.

15 Bento, C. (2022). *O pacto da branquitude.* Companhia das Letras.

16 Davis, A. (2016/2018). *A liberdade é uma luta constante* (H. R. Candiani, Trad.). Boitempo.

17 Bento, C. (2022). *O pacto da branquitude.* Companhia das Letras.

18 *Live* com Jota Mombaça, Denise Ferreira da Silva e José Fernando de Azevedo na Livraria da Travessa. https://m.youtube.com/watch?v=tb826whBMb0.

19 Almeida, S. L. (2019). *Racismo estrutural.* Pólen.

na primeira parte do livro Os condenados da terra, *Fanon afirma que a descolonização é um projeto de desordem total, uma vez que tem como horizonte radical a destruição de todos os regimes, estruturas e efeitos políticos instaurados pela colonização. Não se trata de encontrar um consenso, ajustar o mundo e conformar a diferença colonial num arranjo pacífico. A situação colonial não permite conciliação, porque é sempre assimétrica; ela se funda na violência do colonizador contra as gentes colonizadas e se sustenta no estabelecimento e na manutenção de uma hierarquia fundamental perante a qual a colonizada pode apenas existir aquém do colonizador. Não há negociação ou reforma possível, portanto. A luta da descolonização é sempre uma luta pela abolição do ponto de vista do colonizador e, consequentemente, é uma luta pelo fim do mundo – o fim de um mundo. Fim do mundo como o conhecemos. Como nos foi dado conhecer – mundo devastado pela destruição criativa do capitalismo, ordenada pela supremacia branca, normalizado pela cisgeneridade como ideal regulatório, reproduzido pela heteronormatividade, governado pelo ideal machista de silenciamento das mulheres e do feminino e atualizado pela colonialidade do poder; mundo da razão controladora, da distribuição desigual da violência, do genocídio sistemático de populações racializadas, empobrecidas, indígenas, trans e de outras tantas.*

O apocalipse deste mundo parece ser, a esta altura, a única demanda política razoável. Contudo é preciso separá-la da ansiedade quanto à possibilidade de prever o que há de sucedê-lo. É certo que, se há um mundo por vir, ele está em disputa agora, no entanto é preciso resistir ao desejo controlador de projetar, desde a ruína deste, aquilo que pode ser o mundo que vem. Isso não significa abdicar da responsabilidade de imaginar e conjurar forças que habitem essa disputa e sejam capazes de cruzar o apocalipse rumo à terra incógnita do futuro, pelo contrário: resistir ao desejo projetivo é uma aposta na possibilidade de escapar à captura de nossa imaginação visionária pelas forças relativas do mundo contra o qual lutamos. Recusar-se a oferecer alternativas não é, portanto, uma recusa à imaginação, mas um gesto na luta para fazer da imaginação não uma via para o recentramento do homem e a reestruturação do poder universalizador, mas uma força descolonial que libere o mundo por vir das armadilhas do mundo por acabar.[20]

Um mundo marcado por um genocídio sistemático dos Outrificados, subalternizadxs, minoritarizadxs. "Universo" mantido pela colonialidade do poder. E o fim provocado por uma força descolonial. Parece-me igualmente fundamental o apontamento de Jota, tão condizente com a noção de *forcing* pela negação (a saber, uma negação que não opere por qualquer necessidade de afirmação e que provoque, pelo pertencimento do não absoluto, extensão de conjunto), que a mudança desse mundo, que o fim da colonialidade do poder, não venha atrelada a qualquer necessidade afirmativa em relação ao que está por vir. Para que a força descolonial opere é necessário romper as amarras e as armadilhas universalistas do mundo como o conhecemos.

---

20 Mombaça, J. (2021). *Não vão nos matar agora* (pp. 81-83). Cobogó.

Maria Lugones, em sua crítica descolonial, retoma Anibal Quijano para pensarmos a força da colonialidade do poder, desde o sujeito universal eurocentrado:

> *Quijano entende que o eurocentrismo diz respeito à perspectiva cognitiva não só dos europeus, mas de todo o mundo eurocêntrico, daqueles que são educados sob a hegemonia do capitalismo mundial. O eurocentrismo naturaliza a experiência das pessoas dentro do padrão de poder.*[21]

Colocando em diálogo Mombaça e Lugones, acrescentemos o que Audre Lorde[22] nos ensinou: não derrubaremos a casa do mestre com as ferramentas do mestre. E aí ela de fato estava falando que não precisamos desse mestre opressor. É uma voz que se ergue contra o sistema de opressão. bell hooks[23] também assim se posicionou, ao dizer, em *Intelectuais negras*, que podemos prescindir do pai do patriarcado. O que de algum modo ela colocou em ato em sua nomeação: bell hooks.

Como tais críticas e dissonâncias podem chegar à psicanálise? Seria possível descolonizar seu campo de saber? Situá-lo?

Depois de lermos Collins e Bilge,[24]Kilomba, Donna Haraway e tantas outras feministas que nos trazem a ideia do *stand point* e dos saberes localizados, e isso como base, inclusive, em uma epistemologia

---

21 Lugones, M. (2008). *Colonialidade e gênero*. https://bazardotempo.com.br/colonialidade-e-genero-por-maria-lugones-2/.

22 Lorde, A. (1984/2019). *Irmã outsider* (S. Borges, Trad.). Autêntica.

23 hooks, b. (1995, 2º semestre). Intelectuais negras (M. Santarrita, Trad.). *Estudos feministas, 3*. https://www.geledes.org.br/wp-content/uploads/2014/10/16465-50747-1-PB.pdf.

24 Collins, P. H., & Bilge, S. (2021). *Interseccionalidade* (R. Souza, Trad.). Boitempo.

188   DISSONÂNCIAS

feminista, como evitar rever conceitos psicanalíticos? Como não os localizar?

Penso que se a psicanálise quiser de fato ser subversiva nos aspectos em que apenas reproduz o *status quo*, ela precisa se rever e escutar, escutar, escutar.

Tomando as críticas descoloniais e feministas, nossos avanços nos permitiriam, por exemplo, localizar o mito de *Totem e tabu* como mito neurótico de Freud (apenas lembrando que foi Lacan quem colocou esses termos). O Édipo (mesmo o Édipo relido por Lacan) e o falo – esse elemento considerado trans-histórico – igualmente poderiam ser situados.

Caso contrário, seguiremos no não além do pai. Caso contrário, permaneceríamos sustentando nossos universais. O não situado do sujeito universal. Permaneceríamos no manto onipotente da fixidez da ideologia dominante (para retomar uma definição de Adorno sobre ideologia).[25] Ou, como bem fraseou Haraway,[26] em relação ao sujeito supostamente universal – eurocêntrico e "euros sabido", nos manteríamos diante do "truque mítico de deus – de ver tudo de lugar nenhum". Permaneceríamos tendo como ponto de partida e louvando, como mito fundador, esse sujeito não marcado.

Como não incluir a história, e certo modo de contar a história, nesse debate? Como com isso podemos romper com alguns dos pressupostos universalizantes e trans-históricos da psicanálise?

Por que continuar sustentando o falo-significante (em literal referência ao pênis) como elemento trans-histórico, um dado de

---

25 Horkheimer, M. & Adorno, T. W. (1956/1973). Ideologia. In *Temas básicos de sociologia* (A. Cabral, Trad.). Cultrix.

26 Haraway, D. (1988/1995). Saberes localizados: a questão da ciência para o feminismo e o privilégio da perspectiva parcial. *Cadernos Pagu, 5*. https://periodicos.sbu.unicamp.br/ojs/index.php/cadpagu/article/view/1773/1828.

estrutura, sob a justificativa "histórica" do "sempre foi assim"? O que a um só tempo parece, realmente, muito pouco crítico e absolutamente pertinente a um modo de contar A história pela História dos vencedores/dominadores, daqueles que falam A verdade (retomando Gonzalez). Por que, igualmente, continuar colocando as mulheres como Outras e não-todas voltadas ao falo?

Será que podemos mesmo dizer, após nos deixarmos furar por aquilo que os feminismos e os estudos descoloniais e *queer* trazem, que a psicanálise, como práxis que é – teórica e prática, portanto – caminha na contramão do patriarcado universalista? Mesmo que uma análise vise ao singular, o radicalmente singular (não sem outres), não haveria um corpo teórico construído aos moldes de certo patriarcado? Não estaria a psicanálise sobremaneira fundamentada no patriarcado que a criou e que desde então ela ajuda a sustentar? Em seus constructos, não teria a psicanálise oferecido lugares bastante típicos para homens e mulheres (esse par binário)?

E, a partir dessa profusão, perguntemo-nos: não estaria a psicanálise fundada em uma epistemologia da diferença sexual binária? Não estaria a psicanálise, muitas vezes, reproduzindo o mais corriqueiro do discurso corrente?

Para quem diz que os dizeres sobre gênero, em Lacan, não são dizeres sobre gênero (mesmo que em algumas passagens não o sejam – que tenham aspectos lógicos muito importantes), podemos percorrer seus seminários e escritos e localizar seus hercúleos esforços para manter a sexuação no limite (termo, mais uma vez, da matemática) do feminino e do masculino,[27] nos limites de gênero. Sim, ele fala sobre identidade de gênero. Apenas lembrando um dos trechos do Seminário 18:

---

27 Lacan, J. (1973/1974). O Seminário 21: Les non-dupes errent. (Trabalho inédito)

O importante é isto: a identidade de gênero não é outra coisa senão o que acabo de expressar com estes termos, "homem" e "mulher". *É claro que a questão do que surge precocemente só se coloca a partir de que, na idade adulta, é próprio do destino dos seres falantes distribuírem-se entre homens e mulheres. Para compreender a ênfase depositada nessas coisas, nesse caso, é preciso nos darmos conta de que* o que define o homem é sua relação com a mulher, e vice-versa.[28] *(grifos nossos)*

Podemos considerar que a psicanálise está pautada em uma teoria sexual binária não problematizada, o que, como nos alertou Butler, possui consequências misóginas. Sobre a mulher (não-toda-fálica), já lemos e relemos muitas passagens problemáticas de Lacan. Vimos uma teoria fazer malabarismos para estabelecer um lugar, ou melhor, um des-lugar para as mulheres, essa mulher que não existe (toda): sinthoma de um homem, objeto causa de desejo, alteridade corporal ligada ao desejo-homem, falada por ele, uma heteridade investida (e vestida) de enigma, quase emudecida, desprovida da qualidade das coisas, desprovidas de palavras. Mulheres, aquelas que não sabem o que dizem, que são não-todas-loucas, colocadas como o Outro, como o Outro sexo. Igualmente, aquelas que fazem série para a conquista masculina: o uma a uma de Don Juan.

Colocar o homem como Sujeito e como "todo" e a mulher como "não-toda" e como objeto causa de desejo daquele não apenas mantém o binarismo de gênero (homem e mulher) como mantém o estado mais geral das coisas. Beauvoir escrevera, lendo criticamente o machismo estrutural: "A humanidade é masculina, e o homem define a mulher não em si, mas relativamente a ele . . . O homem é

---

28 Ibid.

pensável sem a mulher. Ela não, sem o homem",[29] e, para concluir: "O homem é o Sujeito, o Absoluto; ela é o Outro".[30]

O que Beauvoir denunciara, a psicanálise lacaniana tende a transformar em dado trans-histórico. Homem e mulher postos do modo como são postos, como dados/fatos estruturais, não historicizáveis (portanto, não modificáveis), repetem o binarismo (qual espaço para os não binários?) e os esquemas de dominação. Para a psicanálise, a humanidade segue sendo masculina (cis e hétero e branca e burguesa).

Como tecemos a crítica aos não problematizados limites de gênero e Outrificação de sujeitos (objetos), ao mesmo tempo que encontramos recursos (estratégias) para tratá-los? Pensando com os feminismos e mantendo a crítica à localização do par significante da diferença sexual, como conceber o significante mulheres, bem como aqueles outros que a interseccionalidade nos prova estarem sob o jugo da dominação?

Sigamos com Butler:

> *a questão nunca foi se deveríamos ou não falar sobre mulheres. Essa fala ocorrerá, e, por razões feministas, ela deve ocorrer; a categoria das mulheres não se torna inútil com o exercício da desconstrução, são seus usos que deixam de ser reificados como "referentes" e que ganham uma chance de abrir-se, de fato, para outras formas de significação que ninguém poderia prever de antemão. Certamente, é preciso ser possível não só usar o termo, empregá-lo taticamente mesmo quando, por assim dizer, ele é utilizado e alocado, mas também sujeitar o termo*

---

29 Beauvoir, S. (1949/2016). *O segundo sexo* (p. 12). Nova Fronteira.
30 Ibid., p. 13

> *a uma crítica que interroga as operações de exclusão e relações diferenciais de poder que constroem e delimitam as invocações feministas das "mulheres".*[31]

Quer dizer que é possível operar com o significante mulher, politicamente, visando ao fim da opressão histórica contra as "mulheres" (em um conjunto amplo) ao mesmo tempo que se percorre uma trilheira com visada crítica, uma verdadeira crítica assídua que se volta para os próprios significantes "mulher" e "feminismo", analisando seus possíveis sistemas de dominação/exclusão internos. Afinal, os sistemas de dominação/subordinação podem estar pautados em fatores como raça, classe, sexualidade, etnia, idade etc.

Nesse trecho, Butler conversa com Spivak e sua proposta de desconstrução. Dando fio a tal conversa, destaquemos que no tão conhecido parágrafo de Spivak que se inicia com "pode a subalterna falar?", a autora lança luz sobre a insterseccionalidade e nos coloca a importância de olharmos para áreas silenciadas, ao mesmo tempo que sublinha a violência epistêmica que segue emudecendo a subalterna. Como cernir o silenciado e reconhecer a violência que segue subalternizando? Como verificar tais processos no interior de um campo epistêmico?

Sigamos com Butler, contra o binarismo de gênero:

> *Se o sexo não limita o gênero, então talvez haja gêneros, maneiras de interpretar culturalmente o corpo sexuado, que não são de forma alguma limitados pela aparente dualidade do sexo. Consideremos ainda a consequência de que, se o gênero é algo que a pessoa se torna – mas*

---

31 Butler, J. (2019). *Corpos que importam: os limites discursivos do "sexo"* (pp. 57-58). n-1 edições.

nunca pode ser –, então o próprio gênero é uma espécie de devir ou atividade, e não deve ser concebido como substantivo, como coisa substantiva ou marcador cultural estático, mas antes como uma ação incessante e repetida de algum tipo. . . . Se o gênero não está amarrado ao sexo, causal ou expressivamente, então ele é um tipo de ação que pode potencialmente se proliferar além dos limites binários impostos pelo aspecto binário aparente do sexo.[32]

Outrossim, propondo-nos que, ainda que não se nasça homem ou mulher, talvez nunca se chegue a ser homem e/ou mulher – ou o que mais se puder nomear. Que gênero é devir e não acabamento ou fixação. Ir além dos limites (agora, sim) do binarismo.

Ainda:

Seria a construção da categoria das mulheres como sujeito coerente e estável uma regulação e reificação inconsciente das relações de gênero? E não seria essa reificação precisamente o contrário dos objetivos feministas? Em que medida a categoria das mulheres só alcança estabilidade e coerência no contexto da matriz heterossexual? Se a noção estável de gênero dá mostras de não mais servir como premissa básica da política feminista, talvez um novo tipo de política feminista seja agora desejável para contestar as próprias reificações do gênero e da identidade – isto é, uma política feminista que tome a construção variável da identidade como um

---

32 Butler, J. (1990/2018). *Problemas de gênero: feminismo e subversão da identidade* (p. 195). Civilização Brasileira.

pré-requisito metodológico e normativo, senão como um objetivo político.[33]

Na matriz heterossexual, qualquer tentativa de definir a categoria mulher (ou mulheres – mesmo em um conjunto estendido) é reificante para aquela(s).

Consideremos, então, que a estabilidade da categoria mulheres, correlata à sua reificação, só é possível no contexto da matriz heterossexual (e na referência ao Falo). Abrir-se para além da aparente dualidade dos sexos, para gêneros fluidos ou em construção ou contingentes (sem nos obrigarmos a nos fixar em quaisquer termos desses), pode trazer, à psicanálise, alguma chance de aposta e de mudança.

De qualquer modo, penso que o uso estratégico postulado pelo feminismo é muito distinto do lugar reificante e reificado dado pela psicanálise às mulheres.

Parece mesmo preciso mexer nos fundamentos, nas bases, nos alicerces.

Além de rever seus dizeres sobre o que designa por "homem" e "mulher", quiçá a psicanálise possa reconhecer que a visada de alguns feminismos não é, em última instância, a identidade:

> *A identidade do sujeito feminista não deve ser o fundamento da política feminista, pois a formação do sujeito ocorre no interior de um campo de poder sistematicamente encoberto pela afirmação desse fundamento. Talvez, paradoxalmente, a ideia de "representação" só venha realmente a fazer sentido para o feminismo*

---

33 Ibid., p. 24

quando o sujeito "mulheres" não for presumido em parte alguma.[34](*grifos nossos*)

Pensar sobre essa frase destacada de Butler, que aponta para a possibilidade de o sujeito mulher não ser mais presumido, pode trazer Rubin para a conversa:

> *Pessoalmente, acho que o movimento feminista deve sonhar com algo maior do que a eliminação da opressão das mulheres. Ele deve sonhar em eliminar as sexualidades compulsórias e os papéis sociais. O sonho que me parece mais cativante é o de uma sociedade andrógina e sem gênero (embora não sem sexo), na qual a anatomia sexual de uma pessoa seja irrelevante para o que ela é, para o que ela faz e para a definição de com quem ela faz amor.*[35]

Uma sociedade em que o sujeito mulher não seja presumível (e por isso possa ser representado), ou em que a anatomia (e/ou significantes) e os gêneros sejam irrelevantes e em que não haja sexualidades compulsórias, pode ser uma sociedade em que esses Outros (os sujeitos até então Outrificados) deixem de sê-lo para o dominador. E que as diferenças possam habitar, importar e permitir o existir do não absoluto. Interessante pensar que o não-todo possa não ficar atrelado ao Falo, enquanto não-todo-fálico, mas que seja, diante do não inscritível da sexuação, prova de furo.

Por fim, a proposta de Preciado:

> *Para falar de sexo, de gênero e de sexualidade é preciso começar com um ato de ruptura epistemológica, uma*

---

34 Ibid., p. 25
35 Rubin, G. (1975/2017). *O tráfico de mulheres* (p. 55). Ubu.

condenação categórica, uma quebra da coluna conceitual que permita uma primeira emancipação cognitiva: é preciso abandonar totalmente a linguagem da diferença sexual e da identidade sexual (inclusive a linguagem da identidade estratégica como quer Spivak).[36]

O importante é que essa ruptura epistemológica não significa negar a diferença, significa um rechaço ao binarismo, um rechaço à linguagem da diferença sexual (essa que alguns dizem ser Real – por sinal, curioso Real esse que carrega um mal-ajambrado par significante: homem-mulher) e, ao mesmo tempo, uma aposta na diferença sexual radical. Que o real do sexo e seus enigmas (e seu não complemento) possam valer mais que os caracteres sexuais secundários. E mesmo mais que óvulos e espermatozoides. Talvez isso seja mais próximo do que Lacan[37]designou, no Seminário 23, como responsabilidade sexual do analista. Talvez isso nos traga o impossível do sexo de volta aos giros e dizeres. Talvez isso possa se aproximar da autorização (com alguns outros) da qual Lacan falou no Seminário 21, quando se referia ao ser sexuado. Talvez isso nos possibilite colocar o "não há relação sexual" como ponto de partida. O não inscritível do sexual, a partir do qual cada ser falante precisa se inventar, como furo não reversível.

Se pudermos reconhecer que a epistemologia psicanalítica está pautada na diferença sexual não problematizada, com suas consequências misóginas, talvez também possamos incluir em nossa conversa de desconstrução os vários termos do pensamento interseccional.

---

36 Preciado, P. B. (2020). *Um apartamento em Urano: crônicas da travessia* (p. 141). Zahar.

37 Lacan, J. (2007). *O Seminário 23: o sinthoma* (1975-1976) (S. Laia, Trad.). Jorge Zahar.

Depois que concordamos com Donna Haraway e com tantas feministas que o saber é localizado, situado, bem como que a epistemologia é sempre política, podemos continuar mantendo intacta a epistemologia psicanalítica?

Penso que precisamos parar de forçar um Lacan pós-binário, descolonial e trans e passar a forçar (agora falaria novamente sobre o *forcing* matemático) outras epistemologias que enfim permitam que a psicanálise avance. Por que tamanha lassidão?

Como romper com o binarismo da diferença sexual? Como romper com a epistemologia da diferença sexual? Como engendrar questões que não consistam em heterocisnormatividade compulsória? Poderíamos desusar os argumentos trans-históricos? Desmastreá-los?

Por outro lado, mas contando com a interseccionalidade, como sustentar um paradoxo e considerar que o sujeito que nos chega tem história, cor e classe social, gênero e sexualidade? E que tais marcadores abrem escuta e possibilidades de dizer em vez de fechar e fazer reincidir uma psicanálise *prêt-à-porter*? Não queremos uma sociedade em que pese o binarismo, a generificação exclusiva dos corpos nem a racialização (em conjunto com a diferença de classe). Podemos não querer uma psicanálise machista/homofóbica/transfóbica/binária/racista e elitista. Queremos romper com as bases psicanalíticas que sustentam esses termos. Entretanto, como isso que marca e mata as corpas viventes pode ficar de fora da escuta? Como, enfim, trabalhar por tal ruptura epistemológica e acatar os termos que a interseccionalidade aponta?

Quais epistemologias nos auxiliariam a abrir veredas assim? Donna Haraway nos propõe uma epistemologia feminista. Podemos nos referir ao feminismo interseccional e às pensadoras descoloniais. Retomemos Maria Lugones, agora em referência a Oyèrónké Oyêwùmí:

198 DISSONÂNCIAS

Como o capitalismo eurocêntrico global se constituiu por meio da colonização, diferenças de gênero foram introduzidas onde antes não havia nenhuma. Oyèrónké Oyêwùmí mostra que o opressivo sistema de gênero imposto à sociedade Iorubá fez bem mais que transformar a organização da reprodução. Seu argumento nos mostra que o alcance do sistema de gênero imposto por meio do colonialismo inclui a subordinação das fêmeas em todos os aspectos da vida.. . .Em La Invención de las Mujeres [A invenção das mulheres], Oyèrónké Oyêwùmí se pergunta se patriarcado é uma categoria transcultural válida. Ao colocar essa questão, ela não opõe o patriarcado ao matriarcado, mas propõe que "o gênero não era um princípio organizador na sociedade Iorubá antes da colonização ocidental". Não existia um sistema de gênero institucionalizado.[38]

Oyêwùmí denuncia que a colonização a um só tempo impôs à sociedade iorubá uma organização forjada por gênero e por raça. Houve, historicamente, a inferiorização dos africanos em geral e das mulheres não brancas especificamente, as últimas duplamente inferiorizadas: enquanto não brancas e enquanto mulheres. E isso em relação tanto aos homens e às mulheres brancos quanto aos homens não brancos. A partir de diferenças históricas, ela nos propõe uma distinção importante:

no sistema global, homens brancos continuam a definir a agenda do mundo moderno e as mulheres brancas, por

---

38 Lugones, M. (2008). *Colonialidade e gênero.* https://bazardotempo.com.br/colonialidade-e-genero-por-maria-lugones-2/.

causa de seus privilégios raciais, são o segundo grupo mais poderoso deste programa internacional . . . . No Ocidente, para parafrasear Denise Riley, o desafio do feminismo é avançar da categoria saturada de gênero de "mulheres" para a "plenitude de uma humanidade sem sexo". Para as obinrin iorubá, *o desafio é obviamente diferente porque, em certos níveis da sociedade e em algumas esferas, a noção de uma "humanidade sem sexo" não é um sonho a que se aspira, nem uma memória a ser resgatada. Ela existe, embora em concatenação com a realidade de sexos separados e hierarquizados, impostos durante o período colonial.*[39]

A autora tece relevantes críticas ao pensamento ocidental colonial. E denuncia a violência epistêmica em relação a alguns constructos acerca das sociedades iorubá que, conforme nos coloca, não eram organizadas por gênero antes da colonização. Suas críticas se estendem, logicamente, aos feminismos ocidentais – marcando desafios diferentes para lutas distintas. Não obstante as camadas de desconstrução que suas linhas nos obrigam, muito nos interessa esse horizonte de uma comunidade possível na qual possamos escrever uma humanidade não marcada por gênero, não exclusivamente binária e não racializada. Algo como o (a)sexo, para não deixar de utilizar outra proposta de Lacan[40] que pode frutificar.

---

39 Oyěwùmí, O. (1997/2021). *A invenção das mulheres: construindo um sentido africano para os discursos ocidentais de gênero* (W. F. do Nascimento, Trad.; p. 231). Bazar do Tempo.
40 Lacan, J. (2000). *O Seminário 25: o momento de concluir* (1977-1978) (J. Gerbase, Trad.). https://docero.com.br/doc/1e8x0sx. (Trabalho inédito)

Ainda com Lugones, um pouco antes, no texto há pouco referido:

> *Gunn Allen afirma que muitas comunidades tribais de nativo-americanos eram matriarcais, reconheciam positivamente tanto a homossexualidade como o "terceiro" gênero, e entendiam o gênero em termos igualitários – não nos termos de subordinação que foram, depois, impostos pelo capitalismo eurocêntrico. Seu trabalho nos permite ver que o alcance das diferenças de gênero era muito mais abrangente e não era baseado em fatores biológicos. A autora também fala de produção de conhecimento e uma aproximação a certo entendimento da "realidade" que são ginocêntricos. Dessa forma, ela aponta para o reconhecimento de uma construção "atribuída de gênero" do conhecimento e da modernidade.*[41]

(Neste ponto a autora faz uma crítica a alguns aspectos feministas que ficaram de fora da leitura e da teoria descolonial de Quijano.)

Com Oyêwùmí e Lugones, podemos pensar as implicações existentes entre raça, classe, gênero e sexualidade, bem como os modos opressores da colonialidade de poder. Chamemos Jota Mombaça de volta para a conversa – e seu alerta sobre os usos de privilégios nos sistemas mantenedores de poder. Com a interseccionalidade e o pensamento descolonial podemos dizer que o feminismo precisou se descolonizar. Alguns feminismos o fizeram. Precisou localizar suas diferenças, interseccionalizar-se. Para tanto, o exercício crítico fez-se e faz-se fundamental.

---

41 Lugones, M. (2008). *Colonialidade e gênero*. https://bazardotempo.com.br/colonialidade-e-genero-por-maria-lugones-2/.

Voltemos a Butler:

> *Isto é, parafraseando a epígrafe de Spivak neste capítulo, a crítica de algo útil, a crítica de algo sem o qual não podemos fazer nada. Na verdade, diria que é uma crítica sem a qual o feminismo perde seu potencial democratizante por se recusar a envolver-se com – fazer um balanço de, e se permitir transformar por – as exclusões que o colocam em causa.[42]*

E a Lélia Gonzalez:

> *É inegável que o feminismo, como teoria e prática, desempenhou um papel fundamental em nossas lutas e conquistas, na medida em que, ao apresentar novas questões, não apenas estimulou a formação de grupos e redes, mas também desenvolveu a busca por uma nova maneira de ser mulher. Ao centralizar suas análises em torno do conceito de capitalismo patriarcal (ou patriarcado capitalista), ele revelou as bases materiais e simbólicas da opressão das mulheres, o que constituiu uma contribuição de importância crucial para a direção de nossas lutas como movimento. Ao demonstrar por exemplo, o caráter político do mundo privado, desencadeou um debate público no qual emergiu a tematização de questões completamente novas – sexualidade, violência, direitos reprodutivos etc. –, revelando sua articulação com as relações tradicionais de dominação/submissão. Ao propor*

---

42 Butler, J. (2019). *Corpos que importam: os limites discursivos do "sexo"* (pp. 57-58). n-1 edições.

> *a discussão sobre sexualidade, o feminismo estimulou a conquista de espaço por homossexuais de ambos os sexos, discriminados por sua orientação sexual. O extremismo estabelecido pelo feminismo tornou irreversível a busca de um modelo alternativo de sociedade. Graças à sua produção teórica e à sua ação como movimento, o mundo não é mais o mesmo.*
>
> *Mas, apesar de suas contribuições fundamentais para discussão da discriminação com base na orientação sexual, o mesmo não correu diante de outro tipo de discriminação, tão grave quanto a sofrida pela mulher: a de caráter racial.... O que geralmente encontramos ao ler os textos e a prática feminista são referências formais que denotam um tipo de esquecimento da questão racial.... Como podemos explicar esse "esquecimento" por parte do feminismo? A resposta, em nossa opinião, está no que alguns cientistas sociais caracterizam como* racismo por omissão *e cujas raízes, dizemos, estão em uma visão de mundo eurocêntrica e neocolonialista ....Com todas essas características, estamos nos referindo ao* sistema patriarcal racista.[43]

Além da aposta na crítica, proferida por Butler, verifiquemos que o reconhecimento de Lélia Gonzalez acerca da importância dos feminismos na própria luta do feminismo negro e interseccional nos traz a própria crítica e a historicização como termos que podem enodar. Sem a crítica assídua, os feminismos não se poderiam valer

---

43 Gonzalez, L. (2020). *Por um feminismo afro-latino-americano* (pp. 140-141). Zahar.

dos movimentos antirracistas, fazendo então corpo de luta contra o *sistema patriarcal racista*.

Voltemo-nos à psicanálise, novamente. Encontramos movimentos em alguns feminismos, descolonizações, inclusive. E a psicanálise, pode se movimentar? Seguir mudando além de seus mestres fundadores? Por fim, e por novos começos, pode a psicanálise se descolonizar?

16. O chapéu do burguês *versus* o telefone sem fio: o tratamento do trauma da acédia atávica ao desejo de revolução

Conrado Ramos

> *Mostrei minha obra-prima às pessoas grandes e perguntei se o meu desenho lhes fazia medo.*
>
> *Responderam-me: "Por que é que um chapéu faria medo?"*
>
> *Meu desenho não representava um chapéu. Representava uma jiboia digerindo um elefante. Desenhei então o interior da jiboia, a fim de que as pessoas grandes pudessem compreender. Elas têm sempre necessidade de explicações.*[1]

O que seria o desejo senão a transformação do que histórica e contingencialmente marcou e assujeitou um corpo-pulsional-falante em causa de/para um sujeito?

---

1 Saint-Exupéry, A. (1943/1982). *O pequeno príncipe* (pp. 9-10). Agir.

Em sua relação abstrata e universal com a falta-a-ser, o desejo perde materialidade e singularidade e fica vulnerável às ideologias e tecnologias egóicas de uma sociedade consumista e individualista.

Há, para o desejo, quando o escutamos como psicanalistas, mais camadas do que aquelas que já pudemos formalizar. Camadas menos estruturadas e mais concretas e arraigadas ao corpo e à história. Um desejo mais próximo do real que do simbólico, talvez.

Se não tentarmos desenhar o elefante que há dentro da jiboia, o desejo continuará sendo somente um chapéu.

O desejo talvez seja, na psicanálise, herdeiro direto de um messianismo secularizado: é o desejo que reconhecemos estar presente nos afetos de resistência (no sentido político, não psicanalítico) e de transformação e nos atos que as realizam; no entusiasmo (em deus, *in + theos*) – que sempre deveria ser tomado politicamente –, enfim.

> *Enquanto que nos decênios da restauração contrarreformista o catolicismo tinha impregnado a vida profana com toda a força de sua disciplina, o luteranismo desde sempre se situara numa posição antinômica em relação à vida quotidiana. À moralidade religiosa da conduta dos cidadãos, por ele ensinada, contrapunha-se o seu afastamento das "boas obras". Recusando-se a aceitar os efeitos milagrosos espirituais e especiais dessas obras, entregando a alma à graça da fé e fazendo da esfera mundana e política o banco de ensaios de uma vida apenas indiretamente religiosa, destinada à demonstração de virtudes burguesas, o luteranismo conseguiu efetivamente enraizar no povo um forte sentimento de obediência ao dever, mas nos grandes provocou a hipocondria. . . . Naquela reação excessiva que, em última*

análise, eliminou as boas obras enquanto tais, e não apenas por aquilo que nelas servia para atribuir mérito ou permitir a expiação, manifestava-se certa forma de paganismo germânico e de crença sombria na sujeição ao destino. Retirou-se todo o valor às ações humanas, e algo de novo nasceu: um mundo vazio.[2]

Afastado das garantias da fé o sujeito se voltou para a contemplação saturnina do mundo desde um lugar diante do qual pode cair num abismo melancólico. Tal ideia nos remete às aproximações hipocrático-aristotélicas entre os excessos humorais da bílis negra e a genialidade melancólica.

Este é um caminho no qual cumpre pensar que o desejo, despregado do entusiasmo, pode perder sua relação vital com o mundo, isto é, perder algo de sua força mimética criativa.

A desvitalização dos afetos que provoca a maré baixa das ondas que os faziam erguer-se no corpo pode levar a que a distância em relação ao mundo exterior se transforme em alienação em relação ao próprio corpo. A partir do momento em que se interpretou este sintoma de despersonalização como um grau avançado de tristeza, a ideia que se fazia desse estado patológico em que as coisas mais insignificantes aparecem como chaves de uma sabedoria enigmática, porque nos falta a relação natural e criativa com elas, entrou num contexto incomparavelmente fecundo.[3]

---

2 Benjamin, W. (1925/2016). *Origem do drama trágico alemão* (pp. 143-144). Autêntica.

3 Ibid., 146

O sujeito que se retira do mundo aliena-se do próprio corpo. O corpo-pulsional-falante que não se deixa ou não pode se deixar impressionar pelo mundo, cai, com este, no desencanto. A insignificância se torna enigmática para o contemplador que perdeu a relação natural e criativa com as coisas, mas a desvitalização das coisas sob o pensamento delas distanciado põe o contemplador em estado melancólico. Neste processo, algo se perde.

> *Essa aliança entre geometria e melancolia tem uma longa tradição: aqueles dotados para a geometria são predispostos à melancolia, porque a consciência de uma esfera situada fora de seu alcance faz sofrer àqueles que têm o sentimento da limitação e insuficiência no plano do espírito. . . . Tal como o objeto inexistente na melancolia, os entes geométricos têm natureza melancólica.*[4]

A razão abstrata conquistou muitas coisas, mas não resolveu o desamparo do sujeito sem deuses. Fica a questão: onde foi parar a vitalidade do trabalho de reconciliação entre o sujeito e o Outro, seja ele a natureza, os deuses, o mundo ou o universo composto de energia e massa?

A razão burguesa parece ter substituído o desejo de reconciliação pela vontade de dominação.

Diante do desamparo, o caminho da razão esclarecida foi o da substituição da moral cristã pré-burguesa pelo pensamento instrumental, calculista e empreendedor do capitalista. Sem o esvaziamento abstrato do mundo, a razão dominadora jamais conseguiria levar a cabo a submissão utilitarista da vida e da natureza ao ponto de chegar

---

4   Matos, O.C.F. (1993). *O iluminismo visionário: Benjamin, leitor de Descartes e Kant* (pp. 168-169). Brasiliense.

tão perto do colapso do ecossistema planetário. Sem que a árvore se transforme em madeira e a floresta em obstáculo geográfico a lucros potenciais, um desmatamento volta a ser experimentado em toda a sua absurda crueldade. Não se pode fazer o luto de uma árvore sem que a existência dela tenha valor de vida, assim como, para muitos, não se pode fazer o luto de um indígena morto, de um negro morto, de uma mulher morta, de um adolescente de periferia morto, de uma transexual morta. O valor de vida dos seres implica poder concebê-los a partir da experiência de um corpo-pulsional-falante, capaz de se deixar encantar pelas coisas em vez de se defender delas, reduzindo-as a abstrações de um mundo vazio – abstrações que aproximam as coisas, vivas ou não, de cifras calculáveis e administráveis. Dar a este corpo-pulsional-falante o estatuto de sujeito, isto é, libertá-lo o máximo possível das condições de objetificação, é o que mais nos aproximaria de um conceito materialista de desejo.

Nesse sentido, não podemos considerar o espírito dominador uma manifestação legítima do desejo sem justificar ideologicamente a dominação. Politicamente é importante considerar o desejo resistência à dominação e, correlativamente, o desejo como movimento de saída das posições subjetivas engessadas e objetificadoras.

Sem entusiasmo, sem *theos*, o sujeito é melancólico, e seu mundo, vazio. O universo da ciência, a natureza desencantada, é feito de massa, energia e repetição, nada mais. Ele só adquire alguma poesia quando vemos, no movimento que estes dois – massa e energia – provocam, o enigma das coisas e da vida.

A significância, o querer dizer próprio dos enigmas, é prenhe de desejo e de poesia, mas só resiste ao desencantamento melancólico da razão instrumental quando se entrega e reconhece em si o apelo mimético que já havia na arte rupestre e na dança ritual, que se transmutou nos espíritos da magia e da religião e hoje encontramos, sobretudo e ainda, na arte. Não é à toa que a violência fascista se volta sempre, em primeiro lugar, para xs artistxs.

Talvez possamos extrair da nostalgia do Werner Sombart, em seu esforço de compreensão do espírito capitalista, em 1913, a pergunta relativa a que fim levou o espírito do sujeito não burguês, sobre o qual há séculos recai o peso do recalque – quando não da morte. Quiçá possamos nomear de desejo os despojos do não burguês que grita no silêncio do sintoma em cada um de nós.

> *Esses dotes "intelectuais" hão de vir acompanhados de uma grande "força vital", "energia vital", ou como se queira chamar essa predisposição, da qual não sabemos senão que é a condição indispensável de todo espírito "empreendedor"; condição que cria o ânimo para empreender, o impulso a agir, e que põe à disposição do empresário a energia necessária para levar a cabo o projeto. Na essência desses homens tem de haver algum recurso em tensão, algo que lhes moleste, que transforme em verdadeiro suplício a indolente calma no calor do fogo. E têm que ser sujeitos de muita fibra, de madeira muito dura, esculpida a machados. Eis aqui a imagem do homem que chamamos "empreendedor". Todas aquelas características do empresário que citávamos como condições necessárias do êxito: a resolução, a tenacidade, a perseverança, a atividade incansável, as contínuas aspirações, a ousadia, o valor: todas têm suas raízes em uma poderosa força vital, em uma vitalidade extraordinária.*
>
> *O hiperdesenvolvimento das qualidades sentimentais, que geralmente produzem uma acentuação demasiado forte dos valores afetivos, constituiria, em contrapartida, um obstáculo para sua atividade. Assim, pois, podemos dizer de maneira geral que o empresário é uma pessoa dotada de uma notável capacidade intelectual e de uma*

força de vontade fora do normal, mas com uma vida emocional e afetiva muito pobre.[5]

E, na página seguinte, o autor faz uma comparação muito interessante:

O empresário capitalista, em seu papel de organizador genial, foi comparado às vezes com o artista. Isso me parece totalmente errado. Eu prefiro dizer que ambas naturezas são por completo antagônicas. Sempre que se tentou estabelecer um paralelo entre as duas, recorreu-se ao alto grau de "fantasia" que devem ter uma e outra para poder conceber algo grande; mas tampouco aqui se trata da mesma capacidade. Como já assinalamos, os tipos de "fantasia" de que se trata em um e outro caso constituem manifestações do espírito completamente díspares.

No que diz respeito a todos os demais pontos, opino que o empresário e o artista se nutrem de fontes bem distintas. Aquele persegue a utilidade e a conveniência, este é totalmente alheio e inclusive hostil a elas; aquele é intelectual e tenaz, este, sentimental; aquele, duro, este, terno e brando; aquele conhece o mundo, este se afasta dele; aquele é extrovertido, este é introvertido; por isso aquele conhece os homens, este, o homem.

Tampouco relacionados como com o artista estão nossos empresários com o artesão, o rentista, o esteta, o erudito, o bon vivant, o moralista e similares.

---

5   Sombart, W. (1913/1977). *El burguês* (p. 208). Alianza Editorial. (tradução nossa)

212 O CHAPÉU DO BURGUÊS *VERSUS* O TELEFONE SEM FIO

> *Pelo contrário, o empresário se parece em muitos aspectos ao estrategista e ao estadista, pois ambos – e sobretudo este último – são, definitivamente, conquistadores, organizadores e negociadores.*[6]

E Sombart não se detém aqui, preocupado que está em demonstrar o antagonismo entre o empresário e o artista:

> *Mas as diferenças vão ainda mais longe. Enquanto os não burgueses caminham pelo mundo vivendo, contemplando, refletindo, os burgueses têm que ordenar, educar, instruir. Aqueles sonham, estes calculam. O pequeno Rockefeller era considerado já em sua infância como um especialista em cálculo. Com seu pai – um médico de Cleveland –, fez completos negócios. "Desde minha mais tenra infância" – narra ele em suas* Memórias – *"levava um livrinho (eu o chamava 'livro de contabilidade' e o conservo ainda), no qual anotava com regularidade meus gastos e ganhos". Ter-se-ia que levar isso no sangue. Nenhum poder da terra teria podido obrigar o jovem Byron ou o jovem Anselmo Feuerbach a carregar um livro semelhante e a conservá-lo.*
>
> *Uns tocam a cantam, outros são apagados, mas não só em sua íntima essência, senão também em sua aparência externa; aqueles são mesclados, estes, carentes de toda cor. Artistas (por atitude, não de ofício), uns; funcionários, outros. De fios de seda, aqueles, de lã, estes.*
>
> *Wilhelm Meister e seu amigo Werner: aquele fala como quem "distribui impérios", este "como quem guarda um alfinete".*

---

6   Ibid., p. 209

Olhando mais de perto, temos a impressão de que a diferença entre esses dois tipos fundamentais reside, em último termo, em um claro contraste de sua vida erótica, pois é evidente que esta determina a conduta total do homem como um poder supremo e invisível. Os dois polos do mundo vêm representados pela natureza burguesa e pela erótica.[7]

Não é aqui que podemos levantar a hipótese de que no sujeito contemporâneo a natureza erótica (não burguesa) foi recalcada pela natureza burguesa?

Desejo sem significância, sem transformação, sem entusiasmo, sem erotismo, é desencantamento e melancolia, de um lado, ou força vital abstraída, "empreendedora", emocional e afetivamente muito pobre, deserotizada, de outro.

Para além ou aquém do desejo como falta-a-ser decorrente de um sujeito concebido a partir da estrutura da linguagem, talvez possamos e devamos pensar num desejo adormecido num atavismo sintomático capaz de atravessar gerações e carregar décadas de alguma forma de objetificação violenta, à espera de se tornar voz de resistência e de alguma transformação.

Numa roda geracional a brincar de telefone sem fio – nome estranho herdado de uma época em que telefones eram aparelhos modernos ligados por fios, uma "rede social" no sentido mais verdadeiro –, o que um descendente sussurra no ouvido do outro é o sintoma. São bisnetos e netos os que nos chegam aos consultórios, angustiados por não saberem o que fazer com o peso do enigma que, sussurrado, até eles chegou. A ciência pode hoje fazer da caca de

---

7   Ibid., pp. 210-211

214 O CHAPÉU DO BURGUÊS *VERSUS* O TELEFONE SEM FIO

nariz um compêndio sobre as características biológicas, as condições de saúde e os hábitos de vida de uma pessoa, mas não sabe mais brincar de telefone sem fio. Às bruxas e aos poetas, aos xamãs e à clarividência, aos loucos e aos psicanalistas, cada um a seu modo, coube fazer algo com a brincadeira do telefone sem fio.

Em 1876, na Exposição Internacional da Filadélfia, ao chegar ao estande de Alexander Graham Bell, Dom Pedro II fez com este o teste num inusitado aparelho e exclamou: "Meu deus, isto fala!".

Não fossem a surpresa e o encanto do brasileiro imperador com a capacidade mimética daquela caixinha mágica, o telefone teria perdido lugar para os primórdios da produção industrial do ketchup de Henry J. Heinz, também presente na mesma exposição.

Vale lembrar que, por sua vez, o bisneto do imperador, príncipe João Maria, foi amigo do aviador francês Antoine de Saint-Exupéry – Zé Perri, durante sua estadia no Brasil – e inspirou o personagem de seu pequeno príncipe, publicado no exílio nos Estados Unidos, durante a Segunda Guerra (1943):

> *As pessoas grandes adoram os números. Quando a gente lhes fala de um novo amigo, elas jamais se informam do essencial. Não perguntam nunca: "Qual é o som da sua voz? Quais os brinquedos que prefere? Será que ele coleciona borboletas?" Mas perguntam: "Qual é sua idade? Quantos irmãos tem ele? Quanto pesa? Quanto ganha seu pai?" Somente então é que elas julgam conhecê-lo. Se dizemos às pessoas grandes: "Vi uma bela casa de tijolos cor-de-rosa, gerânios na janela, pombas no telhado..." elas não conseguem, de modo nenhum, fazer uma ideia da casa. É preciso dizer-lhes: "Vi uma casa de seiscentos contos". Então elas exclamam: "Que beleza!"*

*Assim, se a gente lhes disser: "A prova de que o principezi-
nho existia é que ele era encantador, que ele ria, e que ele
queria um carneiro. Quando alguém quer um carneiro,
é porque existe" elas darão de ombros e nos chamarão de
criança! Mas se dissermos: "O planeta de onde ele vinha
é o asteroide B 612" ficarão inteiramente convencidas, e
não amolarão com perguntas. Elas são assim mesmo. É
preciso não lhes querer mal por isso. As crianças devem
ser muito indulgentes com as pessoas grandes.*

*Mas nós, nós que compreendemos a vida, nós não ligamos
aos números! Gostaria de ter começado esta história à
moda dos contos de fada. Teria gostado de dizer: "Era
uma vez um pequeno príncipe que habitava um planeta
pouco maior que ele, e que tinha necessidade de um
amigo..." Para aqueles que compreendem a vida, isto
pareceria sem dúvida muito mais verdadeiro.*[8]

Evoquemos, ainda, uma pequena passagem de Benjamin:

*Não são as coisas que saltam das páginas em direção à
criança que as contempla – a própria criança penetra-as
no momento da contemplação, como nuvem que se sacia
com o esplendor colorido desse mundo pictórico. Frente ao
seu livro ilustrado a criança coloca em prática a arte dos
taoístas consumados: vence a parede ilusória da superfície
e, esgueirando-se entre tapetes e bastidores coloridos,
penetra em um palco onde o conto de fadas vive.*[9]

---

8 Saint-Exupéry, A. (1943/1982). *O pequeno príncipe* (pp. 19-20). Agir.
9 Benjamin, W. (1984). Visão do livro infantil. In W. Benjamin, *Reflexões: a criança,
o brinquedo, a educação* (p. 55). Summus.

O corpo-pulsional-falante, como o corpo sem órgãos da psicanálise, transporta geno e fenoformicamente fragmentos da história feitos de coisas vistas e ouvidas.

Nesse corpo aferentemente penetram e habitam estilhaços afetivos do tempo, que lá ficam, se endurecem, cristalizam, repetem feito um memento hipostático, um cálculo (aritmético e litiásico), mas que também – sob contingências que devemos buscar melhor conhecer e formalizar – se decompõem, se recombinam, se consubstanciam, sofrem mutações mitóticas nas quais podem se glorificar, investirem-se pulsionalmente, à espera de uma eferência volitiva atravessada de uma perspectiva, muitas vezes – depois de séculos de dominação europeia monoteísta – imaginariamente redentora, porque portadora milenar e filogenética do impulso mimético de reconciliação com o Outro-natureza.

Por se tratar da anatomia e do funcionamento do corpo-pulsional-falante – de natureza bio-histórico-imaginária, lá onde vai e trabalha alquimicamente o psicanalista com suas ferramentas de linguagem, transferência e ato –, é difícil falar dele sem metáforas pseudo-científicas, místico-religiosas, histórico-sociais. É preciso deixar fluir um ensaio-delírio esquizofrênico, atordoado e Artaudito, como suspensão de superfície corporal e de sentido capaz de deixar constelar o transmissível da imanência física das fusões e confusões entre corpo e linguagem.

Sob nossa inoxidável dureza burguesa de cada dia ainda queimam as bruxas do *Malleus maleficarum*. Basta lembrarmos de que populações indígenas inteiras ainda seguem sendo queimadas, assim como a população negra das periferias, os refugiados no mar Mediterrânico etc. Do *Martelo das bruxas* à imunidade de rebanho do governo Bolsonaro, a necropolítica nunca deixou de calar os sujeitos em nome da conservação do poder.

Nos interstícios das fórmulas e dos cálculos com os quais anulamos quaisquer riscos de subjetividade ainda podemos localizar o pavor secreto de encontrar uma palavra carregada de maldição, a esperança de cura em garrafadas indígenas e trabalhos da mãe de santo ou a mera orientação extraída dos hexagramas do I Ching e do uso oracular dos sonhos – sem falar do poder mágico das orações. Há nestas procuras da magia e do sagrado parentescos inegáveis com o dar voz ao sintoma; e o sintoma, o que seria senão o sedimentado de séculos de sujeitos silenciados?

Seria mais promissor aos sujeitos buscar no grito de dor e revolta das bruxas medievais o dito "significante paterno" extraído do abstrato Outro para orientar o desejo do que fundar nas heranças teórico-filosóficas da erudição patriarcal de Heinrich Kraemer e Jakob Sprenger a pedante sabedoria de distinguir o que é bruxaria do que não é. Resta saber se a psicanálise segue mais próxima da dimensão profana da feitiçaria do que da bula *Summis desiderantes* do papa Inocêncio VIII.

Tomemos emprestadas as conclusões de Benjamin sobre o surrealismo – lembrando, de passagem, que este tem relações não acidentais com a psicanálise:

> *Em todos os seus livros e iniciativas, a proposta surrealista tende ao mesmo fim: mobilizar para a revolução as energias da embriaguez. Podemos dizer que é essa sua tarefa mais autêntica. Sabemos que um elemento de embriaguez está vivo em cada ato revolucionário, mas isso não basta. Esse elemento é de caráter anárquico. Privilegiá-lo exclusivamente seria sacrificar a preparação metódica e disciplinada da revolução a uma práxis que oscila entre o exercício e a véspera da festa. A isso se acrescenta uma concepção estreita e não-dialética da essência da embriaguez. A estética do pintor, do poeta* en état de surprise, *da arte como a reação do indivíduo*

218 O CHAPÉU DO BURGUÊS *VERSUS* O TELEFONE SEM FIO

"surpreendido", são noções excessivamente próximas de certos fatais preconceitos românticos. Toda investigação séria dos dons e fenômenos ocultos, surrealistas e fantasmagóricos, precisa ter um pressuposto dialético que o espírito romântico não pode aceitar. De nada nos serve a tentativa patética ou fanática de apontar no enigmático o seu lado enigmático; só devassamos o mistério na medida em que o encontramos no cotidiano, graças a uma ótica dialética que vê o cotidiano como impenetrável e o impenetrável como cotidiano. Por exemplo, a investigação mais apaixonada dos fenômenos telepáticos nos ensina menos sobre a leitura (processo eminentemente telepático) que a iluminação profana da leitura pode ensinar-nos sobre os fenômenos telepáticos. Da mesma forma, a investigação mais apaixonada da embriaguez produzida pelo haxixe nos ensina menos sobre o pensamento (que é um narcótico eminente) que a iluminação profana do pensamento pode ensinar-nos sobre a embriaguez do haxixe. O homem que lê, que pensa, que espera, que se dedica à flânerie, pertence, do mesmo modo que o fumador de ópio, o sonhador e o ébrio, à galeria dos iluminados. E são iluminados mais profanos. Para não falar da mais terrível de todas as drogas – nós mesmos – que tomamos quando estamos sós.[10]

Até que ponto "mobilizar para a revolução as energias da embriaguez" não equivale a fazer do sintoma um desejo? "'Mobilizar

---

10 Benjamin, W. (1929/1994). O surrealismo: o último instantâneo da inteligência europeia. In W. Benjamin, *Obras escolhidas* (pp. 32-33). Brasiliense.

para a revolução as energias da embriaguez' – em outras palavras: uma política poética?".[11] Benjamin faz saltar o mundo enigmático da contemplação melancólica de sua imobilidade romântica ao pressupor nele uma dialética: "toda investigação séria dos dons e fenômenos ocultos, surrealistas e fantasmagóricos, precisa ter um pressuposto dialético que o espírito romântico não pode aceitar". Poderíamos tomar esse pressuposto dialético na via imanente do desejo? E desejo como política poética? A psicanálise nos propõe como caminho a iluminação profana dos enigmas do sintoma, na medida mesma em que, no sintoma, converge a dialética proposta por Benjamin entre o cotidiano e o impenetrável. Todos os esforços místicos, religiosos, oraculares, de investigar seriamente dons e fenômenos ocultos dão provas disso: seguem sendo tentativas mais ou menos alienadas de fazer falar o cotidiano como impenetrável e o impenetrável como cotidiano. Assim como ainda há telepatia na leitura, narcose no pensamento e mimese na linguagem, a investigação mais apaixonada da magia pode nos ensinar menos sobre a psicanálise do que a iluminação profana da psicanálise pode ensinar-nos sobre a magia: "os jogos de transformação fonética e gráfica, que já há quinze anos apaixonam toda a literatura de vanguarda, do futurismo ao dadaísmo e ao surrealismo, nada mais são que experiências mágicas com palavras, e não exercícios artísticos".[12]

E o que poderia haver nesta noção de iluminação profana, a qual cabe entender como uma imagem, enquanto instantâneo que escapa ao sentido, não metaforizável, senão o campo mesmo em que algo do desejo encontra o dar voz ao silêncio do sintoma? É importante entendermos, aqui, o modo como Benjamin faz passar a eficácia da magia e a redenção messiânica secularizadas para a ideia

---

11 Ibid., p. 33
12 Ibid., p. 28

de uma iluminação profana como instantâneo de materialização do desejo recalcado:

> *também na pilhéria, no insulto, no mal-entendido, em toda parte em que uma ação produz a imagem a partir de si mesma e é essa imagem, extrai para si essa imagem e a devora, em que a própria proximidade deixa de ser vista, aí se abre esse espaço de imagens que procuramos, o mundo em sua atualidade completa e multidimensional, no qual não há lugar para qualquer "sala confortável", o espaço, em uma palavra, no qual o materialismo político e a criatura física partilham entre si o homem interior, a psique, o indivíduo, ou o que quer que seja que desejemos entregar-lhes, segundo uma justiça dialética, de modo que nenhum dos seus membros deixe de ser despedaçado. No entanto, e justamente em consequência dessa destruição dialética, esse espaço continuará sendo espaço de imagens, e algo de mais concreto ainda: espaço do corpo.*[13]

Ao retirar do pessimismo melancólico sua força revolucionária de interrupção da história como progresso, ou seja, o cortar o pavio da dinamite do progresso capitalista, o sagrado conforto do homem burguês, sua razão instrumental e seu otimismo, que obstaculizam a revolução, são suspensos e destruídos por uma justiça dialética. E o despedaçamento desse patriarca, que, do paraíso, sopra sua tempestade contra as asas do Angelus Novus, fará ressurgir, como corpo vivo, a natureza vingada – Gaia ou *physis*:

---

13 Ibid., pp. 34-35

Também o coletivo é corpóreo. E a physis, *que para ele [o coletivo] se organiza na técnica, só pode ser engendrada em toda a sua eficácia política e objetiva naquele espaço de imagens que a iluminação profana nos tornou familiar. Somente quando o corpo e o espaço de imagens se interpenetrarem, dentro dela, tão profundamente que todas as tensões revolucionárias se transformem em inervações do corpo coletivo, e todas as inervações do corpo coletivo se transformem em tensões revolucionárias: somente então terá a realidade conseguido superar-se, segundo a exigência do* Manifesto comunista.[14]

Mas essa interpenetração entre corpo e espaço de imagens só pode ser realmente entendida se colocarmos aqui a importância do conceito de mimese para Benjamin, enquanto ligação imediata entre pensamento e coisa. Sem a força do conceito de mimese, perdemos a correlação materialista que podemos fazer entre a indestrutibilidade do desejo freudiano e o que não se pode inteiramente recalcar, do pensamento benjaminiano.

Talvez possamos dizer que o sintoma seja a relação imediata entre linguagem e corpo dos sujeitos silenciados, enquanto o desejo, como ato de saída do silêncio, se articule como mediação subjetiva recuperada.

Leandro Konder nos permite vislumbrar a implicação que pode haver entre a objetificação como relação imediata e o desejo como mediação indignada:

A desconfiança que Benjamin sentia em relação às "mediações" da dialética hegeliana, sua necessidade de pôr o

---

14 Ibid., p. 35

> *pensamento em ligação "imediata" com as coisas (como se o pensamento tocasse, cheirasse ou mordesse a coisa, segundo a observação de Adorno), tudo isso contribuía para que ele se sentisse diretamente vinculado às dores e frustrações acumuladas pela humanidade e contribuía para que ele – isolado, fraco, derrotado – se sentisse co--responsável (culpado) pelos fracassos daqueles de que se sentia legítimo herdeiro.*
>
> *Mas a defesa da coesão afetiva do eu, em Benjamin, não podia ser assegurada apenas pela tristeza. A melancolia, no espírito de nosso autor, precisava ser de um tipo especial, para excluir o risco do efeito paralisador da acedia e para se combinar com o impulso ativo, transformador, do rebelde radical, do lutador. Precisava ser uma melancolia na qual reaparecia o elemento desaparecido da acepção original do termo: a cólera, a indignação dos justos (sem a dimensão patológica que esse sentimento tinha nos "atrabiliários").*[15]

Assim compreendido, não há qualquer espaço para a tomada do desejo, direta ou disfarçadamente, como a sustentação de imagens narcísicas, conquistas pessoais ou disputas fálicas. Antes, encontramo-lo em passagens como a de Kopenawa:

> *Eu não sei falar como os brancos! Quando tento imitá-los, minhas palavras fogem ou se emaranham na minha boca, mesmo que meu pensamento permaneça reto! Minha língua não seria tão enrolada se eu estivesse falando aos*

---

15 Konder, L. (1999). *Walter Benjamin: o marxismo da melancolia* (p. 119). Civilização Brasileira.

meus, na minha língua! Mas pouco importa: já que vocês me dão ouvidos, vou tentar! Desse modo minhas palavras se fortalecerão e talvez um dia sejam capazes de deixar preocupados os grandes homens dos brancos! . . . São outra gente [os garimpeiros], comedores de terra, seres maléficos! Seu pensamento é vazio e estão impregnados de epidemia! Precisamos impedi-los de sujar nossos rios e expulsá-los da floresta. Por que eles não trabalham em sua própria terra? Quando eu era criança, quase todos os meus parentes faleceram devido às doenças dos brancos. Não quero que isso continue![16]

E ainda o seguinte trecho:

Vocês não entendem por que queremos proteger nossa floresta? Pergunte-me, eu responderei! Nossos antepassados foram criados com ela no primeiro tempo. Desde então, os nossos se alimentam de sua caça e de seus frutos. Queremos que nossos filhos lá cresçam rindo. Queremos voltar a ser muitos e continuar a viver como nossos antigos. Não queremos virar brancos! Olhem para mim! Imito a sua fala como um fantasma e me embrulho em roupas para vir lhes falar. Porém, em minha casa, falo em minha língua, caço na floresta e trabalho em minha roça. Bebo yãkoana e faço dançar meus espíritos. Falo a nossos convidados em diálogos wayamuu e yãimuu! Sou habitante da floresta e não deixarei de sê-lo! Assim é![17]

---

16 Kopenawa, D., & Albert, B. (2015). *A queda do céu: palavras de um xamã yanomami* (p. 386). Companhia das Letras.

17 Ibid., p. 389

Encontramo-lo, também, no discurso *E não sou uma mulher?*, da ex-escravizada Sojourner Truth, em 1851:

> *Muito bem, crianças, onde há muita algazarra alguma coisa está fora da ordem. Eu acho que com essa mistura de negros (negroes) do Sul e mulheres do Norte, todo mundo falando sobre direitos, o homem branco vai entrar na linha rapidinho.*
>
> *Aqueles homens ali dizem que as mulheres precisam de ajuda para subir em carruagens, e devem ser carregadas para atravessar valas, e que merecem o melhor lugar onde quer que estejam. Ninguém jamais me ajudou a subir em carruagens, ou a saltar sobre poças de lama, e nunca me ofereceram melhor lugar algum! E não sou uma mulher? Olhem para mim? Olhem para meus braços! Eu arei e plantei, e juntei a colheita nos celeiros, e homem algum poderia estar à minha frente. E não sou uma mulher? Eu poderia trabalhar tanto e comer tanto quanto qualquer homem – desde que eu tivesse oportunidade para isso – e suportar o açoite também! E não sou uma mulher? Eu pari treze filhos e vi a maioria deles ser vendida para a escravidão, e quando eu clamei com a minha dor de mãe, ninguém a não ser Jesus me ouviu! E não sou uma mulher?*
>
> *Daí eles falam dessa coisa na cabeça; como eles chamam isso... [alguém da audiência sussurra, "intelecto"]. É isso, querido. O que é que isso tem a ver com os direitos das mulheres e dos negros? Se o meu copo não tem mais que um quarto, e o seu está cheio, por que você me impediria de completar a minha medida?*

Daí aquele homenzinho de preto ali disse que a mulher não pode ter os mesmos direitos que o homem porque Cristo não era mulher! De onde o seu Cristo veio? De onde o seu Cristo veio? De Deus e de uma mulher! O homem não teve nada a ver com isso.

Se a primeira mulher que Deus fez foi forte o bastante para virar o mundo de cabeça para baixo por sua própria conta, todas estas mulheres juntas aqui devem ser capazes de consertá-lo, colocando-o do jeito certo novamente. E agora que elas estão exigindo fazer isso, é melhor que os homens as deixem fazer o que elas querem.

Agradecida a vocês por me escutarem, e agora a velha Sojourner não tem mais nada a dizer.[18]

O que podemos ver em comum nos discursos de Kopenawa e de Sojourner é que ambos, tomados da posição de sujeitos, dizem ao outro que não são e não querem ser objeto. E fazem isso como porta-vozes de traumas seus e de ancestrais. Eles perguntam aos outros e a si mesmos porque é que o desenho que mostram não lhes faz medo. O que os dois insistem, sobretudo, é que não tiram chapéus para jiboias. E é preciso não querer ouvi-los para os tomar a partir do conceito de fantasia. Um chapéu é um chapéu, uma cobra é uma cobra.

Talvez seja prudente pensar que, do lado de fora da estrutura, o que chamamos de "Outro barrado" só exista efetivamente para homens brancos cis. Para estes o desejo talvez seja um chapéu. Também o é para quem não pode ver quanto isso muda tudo.

Para os demais, há um elefante a resgatar.

---

18 Truth, S. (1851). *E não sou uma mulher?* https://www.geledes.org.br/e-nao-sou--uma-mulher-sojourner-truth/?amp=1.

17. Não há norma sexual

Ana Paula Gianesi
Conrado Ramos

Proponho que façamos uma diferenciação entre o aforismo "não há relação sexual" e o que podemos criticamente designar como o binarismo lacaniano.

Freud nos havia colocado que não há inscrição inconsciente da diferença sexual. Também, postulara que a libido não seria masculina nem feminina. Lacan extraiu do dizer de Freud que "não há norma sexual".

Verificamos que Lacan partira do não inscritível do sexual e do "não há relação sexual" para escrever a sexuação. Dizemos: não há o que escreva a sexuação, portanto, cada um inventa a sua. Mais ainda, os corpos, no encontro amoroso/sexual (que se dá por acaso, é da ordem do dizer, do acontecimento, da contingência), não fazem Um. Não há complemento. Não se faz Todo entre corpos. Se não fazem Um, tampouco fazem dois (porque não é de 1 + 1 que se trata).

Também vimos que na aula de 17 de março de 1971 do Seminário 18, ao iniciar a construção de suas fórmulas da sexuação, Lacan propôs uma interessante escrita que bem nos serviria como ponto de partida, qual seja: $\overline{\exists} x.F$, que diz que o x não é inscritível ou que não existe x inscritível na função.

> *Pois bem, é justamente em torno disso que se articula o que acontece com a relação sexual . . . A questão é o que não se pode escrever na função F(x), a partir do momento em que a função F(x) existe ela mesma para não se escrever . . . ela é, propriamente falando, o que se chama ilegível.*[1]

Caso possamos partir do "não há x inscritível na função", sob o argumento de que tal função existe, ela mesma, para não se escrever, pois se trata do impossível, do que não cessa de não se escrever da sexuação, – e igualmente de suas derivações: "há o não inscritível", "há o ilegível", há o inaudível – nos será possível pensar a sexuação como o que articula algo do Real.

O não inscritível como a particular negativa que funda conjunto abre espaço para as invenções singulares dos seres falantes. Isso parece bastante coerente com outras asserções lacanianas.

No Seminário 21, Lacan diz: "O ser sexuado não se autoriza senão por ele mesmo . . . Ele não se autoriza senão por ele mesmo e eu acrescentaria: e por alguns outros".[2]

No mesmo seminário, Lacan falava sobre o sentido sexual que se define por não poder se escrever. O sentido sexual é *non-sense*. Há uma articulação entre o sexual e a cifra, mais propriamente, o ciframento: este enigma, este ponto que aponta o Real.

---

1 Lacan, J. (2009). *O Seminário 18: de um discurso que não fosse semblante* (1971) (p. 104). Zahar.
2 Lacan, J. (1973/1974). O Seminário 21: Les non-dupes errent. Aula de 9 abr. 1974. (Trabalho inédito)

Ou, na *Declaração à France-Culture*, por ocasião do 28°Congresso Internacional de Psicanálise, em 1974, diz Lacan:

> *É absolutamente fabuloso que ninguém tenha articulado isso antes de Freud, ao passo que é a vida mesma dos seres falantes; o perder-se na relação sexual é evidente, é massivo, sempre foi assim e, depois de tudo, até certo ponto, poder-se-ia dizer que isso não faz mais que continuar. Se Freud centrou as coisas na sexualidade, é na medida em que, na sexualidade, o ser falante crepita/ balbucia. . . . Existem normas sociais* na ausência de qualquer norma sexual, *isso foi o que disse Freud.*[3]

Pontuemos, ademais, que para pensar a lógica relativa ao não há, próprio à sexuação, Lacan (com Freud) precisou derrogar princípios da lógica clássica. Encontramos, no Seminário 21:

> *Mas isso quer, simplesmente, dizer que sua racionalidade está para se construir, e mesmo que o princípio de contradição, o sim e o não, não desempenham aí o papel que se crê na lógica clássica, não é? Como a lógica clássica é ultrapassada há muito tempo, neste momento, bem, é necessário construir uma outra.*[4]

Lacan falava sobre o inconsciente. Sobre uma racionalidade a ser construída. Com a lógica paraconsistente podemos pensar a possibilidade de derrogarmos o princípio da contradição da lógica

---

3 Lacan, J. (1973). *Declaration à France-Culture à propos du 28 e Congrès Internatio-nal de Psychanalyse.* https://ecole-lacanienne.net/wp-content/uploads/2016/04/ Declaration_a_france_culture_1973.pdf. (tradução nossa)

4 Lacan, J. (1973/1974). O Seminário 21: Les non-dupes errent. (Trabalho inédito)

clássica. Por essa via, seguiríamos com a afirmativa de que o inconsciente não conhece a contradição.

Sim. O inconsciente não conhece a contradição. E podemos avançar dizendo que, em termos de sexuação, há algo de suspensivo em jogo. Duas asserções opostas podem ser igualmente falsas. Podemos encontrar o que seja nem isso nem não isso. Assim, nos é possível dizer que se, por um lado, podemos derrogar o princípio da contradição, por outro, pelo não-todo, e em certas circunstâncias, prescindiríamos do princípio do terceiro excluído.

Não obstante tantos e importantes desdobramentos acerca do "não há" – não há relação sexual, não há norma sexual, não há x inscritível na função, Lacan sobremaneira manteve-se nos limites do binarismo, nos limites do masculino e do feminino. Voltemos à citação sobre o autorizar-se de si mesmo, referente ao ser sexuado:

> *O ser sexuado não se autoriza senão por ele mesmo. É nesse sentido que, que há escolha, quero dizer que aquilo a que a gente se limita, enfim, para classificá-los masculino ou feminino, no estado civil, enfim, isso, isso não impede que haja escolha. Isto, certamente todo mundo sabe. Ele não se autoriza senão por ele mesmo e eu acrescentaria: e por alguns outros.*[5]

Lacan segue se interrogando nos limites (lembremos que essa é uma noção da matemática que Lacan lança mão para falar sobre os sexos) do que designa por homem e mulher/ou masculino e feminino/ou macho e fêmea. Sigamos:

> *quando um homem encontra uma mulher . . . isso faz dois ou três? – Vocês se lembram talvez, enfim, os que*

---

5 Ibid., aula de 9 abr. 1974

> *estavam aí – então, eu o modifico ligeiramente: que efeito isso lhes faz se eu o enuncio "tu amarás tua próxima como a ti mesmo"? Isso faz mesmo sentir alguma coisa, hein, é o que este preceito funda, a abolição da diferença de sexos. Quando eu lhes disse que não há relação sexual, o que é que isso queria dizer? É importante situar . . ., não há relação sexual . . . eu disse que não há iniciação. É a mesma coisa de dizer que não a relação sexual. O que não quer dizer que a iniciação seja a relação sexual, porque não basta que duas coisas não existam para que elas sejam as mesmas! . . . É claro que o amor, em suma . . .É mesmo um fato, que se chama assim, a relação complexa – é o mínimo que se pode dizer – de um homem e uma mulher.*[6]

Podemos dizer, com isso, que o aforismo "não há relação sexual" não desmancha o problema da diferença sexual em Lacan. Como ele mesmo disse, o fato de não haver relação sexual (e ter feito disso um axioma) não significa que eles, os sexos, sejam os mesmos. Não significa abolir a diferença dos sexos. Ou seja, Lacan mantém a diferença sexual sob a equivocada justificativa segundo a qual a ruptura com a diferença sexual redundaria no Mesmo (e não na diferença absoluta, radical).

Penso que a confusão entre os termos Homem e Mulher e o aforismo "não há relação sexual" faz com que muitos leitores de Lacan o defendam da crítica ao binarismo. Para Lacan a diferença sexual está mantida (mesmo que pequena, mesmo que por vezes irrisória). Que entre Um e Outro não se faça Um ou que não se encontre o

---

6   Ibid., aula de 18 dez. 1973

dois do par (deles dois), ou seja, que não exista relação sexual, isso, para Lacan, não nos retira dos limites do masculino e do feminino.

O "não há relação sexual" e a necessidade do três para haver algo do dois (não ordenável) foi o que propiciou a Lacan o início da construção da teoria dos nós (embora o três tenha sido criticado por ele mesmo posteriormente):

> *O que o três faz do um, se não há o dois? Será que, simplesmente, nisso que ele tenha aí três, o aleph zero [o inumerável] já existia? É certo que, se enuncio que de dois não há, é porque isso seria escrever, no mesmo golpe do Real a possibilidade da relação tal como ela se funda da relação sexual. Não será que senão pelo três, e como escrevi de outra vez no quadro, pela diferença de um a três que procede a esse dois, será que – tudo isso nos faz colocar a questão – isso foi preciso, para que déssemos esse passo, que o aleph zero tenha cessado de não se escrever? Dito de outro modo, que é a contingência, é o acontecimento desse dizer de Cantor que nos permite ter somente uma percepção sobre isso que ele é, não o número, mas disso que constitui em sua ternaridade a relação do simbólico, do imaginário e do real.[7]*

Lacan, com Cantor, toma o Um por seu aspecto cardinal (e não por ordenação). O Um como *um Um*. Convocando uma nodalidade em vez da ordem, do ordenamento, pretende, com três não contáveis por ordem, fazer nó. O nó do falasser.

Lacan corta o Um de qualquer ordenação e aponta o aleph zero, o inumerável, como princípio da não relação sexual e do enodamento.

---

7   Ibid., aula de 8 jan. 1974

Sobre essa questão do *um Um*, encontramos igualmente o argumento de que se trata, na sexuação, deste *Um* que jamais encontrará o dois. O *Um* fálico não encontra o dois, não encontra o Héteros. A justificativa segundo a qual não se encontra o Outro seguiria sobremodo interessante caso deixássemos de vestir o *um Um* com o falo-Homem e o suposto dois com a Mulher não-toda. Ou seja, ao não abrir mão dos "significantes" Homem e Mulher, tal argumento, em vez de desfazer o par, apela para um essencialismo, para substancialismos e segue reproduzindo, aí sim, o mesmo.

Poderíamos manter, com o enodamento, uma estrutura (Real) do falasser, que escreveria a não relação sexual, sem precisarmos escrever Homem e Mulher?

O que restaria das fórmulas da sexuação? A escrita da PN inicial, $\overline{\exists}$x.F, os apontamentos lógicos (das lógicas não clássicas, da lógica modal e a noção de compacidade) e a noção ético-política-poética de não-todo (enquanto não absoluto e não mais como não-todo--fálico – deixemos o falo como uma possibilidade de sexuação...)?

(Apenas pontuemos que o três, resposta inicial de Lacan para justificar o nó – Real, Simbólico, Imaginário –, mais tarde será igualmente criticado pelo apelo que guarda à santíssima trindade – Lacan precisará inventar o nó generalizado para romper com a "verdadeira religião").

Mas sigamos com a seguinte pergunta: a quem serve a diferença sexual propalada pela psicanálise? O que sustenta essa diferença que mostra do lado homem o lugar do falo e do lado mulher o lugar da falta dele (mesmo que não-toda)?

Difícil pensar hoje que os mais variados e diferentes processos de sexuação tenham que passar pela lógica desta "diferença" universal. O que já foi, entre psicanalistas, a "questão trans" acende hoje luzes sobre a violência que está em jogo na "questão hétero-cis" que se impõe quando fazemos operar a lógica da diferença fálica universal.

Não encontrando razão de ser na clínica, na qual as sexuações podem ser pensadas sem este universal, resta pressupor que a diferença sexual fálica serve como delimitador de relações de poder. E enquanto a psicanálise sustentar tal crivo universalizante estará contribuindo para a exclusão e a colonização de sexuações dissidentes do universal. Uma psicanálise que se queira descolonial precisará abrir mão do falo como organizador universal da diferença de poder para que as diferenças de gênero e de sexualidade tenham lugar e voz.

A diferença fálica universal só pode ser pensada como efeito de ocultação dos interesses de uma particularidade: o poder do homem hétero cis branco machista burguês.

Ademais, vale considerarmos o que nos traz Ayouch:

> *A diferença entre os sexos definida de forma binária (ter/não ter) procede dessa captação imaginária. Ela provém da teoria sexual infantil do menino da Viena do século XIX que introduz a alternativa de ter/não ter. Várias vezes, quando essa teoria sexual infantil do menino é tomada literalmente, ela acaba ecoando na teoria sexual infantil do(a) psicanalista teorizador(a).*[8]

E, na sequência, um parágrafo bastante lúcido:

> *Uma ruptura epistemológica surge quando o sistema que servia para abordar o mundo aparece adaptado apenas a uma parte desse mundo. As transidentidades introduzem uma verdadeira ruptura epistemológica: elas revelam que as identificações de gênero definidas em função*

---

8 Ayouch, T. (2015, jun.). Da transsexualidade às transidentidades: psicanálise e gêneros plurais. *Percurso* (p. 28).

do aparelho genital designado são um caso particular dentro de uma multiplicidade possível de identificações. Do mesmo modo, a psicanálise da pós-transexualidade deve perpetuar essa ruptura epistemológica em que a binariedade sexual é revelada como um caso particular dentro da multiplicidade das sexuações.[9]

Tomemos agora o seguinte trecho de Vieira e Fraccaroli:

Pensamos que o caráter concreto da experiência heterossexual se realiza, ou melhor, se explicita, na inumerável parafernália sexual de incitação à heterossexualidade, da representação pornográfica à telenovela, passando pela literatura, pela clínica psicanalítica, pelo romantismo, pelas representações da masculinidade (carros, barba, música, futebol) e da feminilidade (estética, esmalte, unhas pintadas e batom), ideais da heterossexualidade. Pensamos, portanto, que se não é possível apontar heterossexuais na rua é porque, como o azul do céu, eles constituem a paisagem e, desse modo, não é que lhes falte existência, é que eles simplesmente existem demais.[10]

Sabemos o quanto, para nós psicanalistas cis em geral – ainda são poucos psicanalistas trans, o que revela algo do pacto cissexista da psicanálise –, a heterossexualidade faz parte da paisagem.

Não oferecemos mais curas gay, mas muitas vezes ouvimos explicações sobre o que teria levado alguém a "se tornar" homossexual.

---

9 Ibid., p. 31
10 Vieira, H., & Fraccaroli, Y. (2021). Nem hétero, nem homo: cansamos. *Revista Cult.* https://revistacult.uol.com.br/home/nem-hetero-nem-homo-cansamos/.

236 NÃO HÁ NORMA SEXUAL

Jamais perguntamos o que teria levado alguém a se tornar heterossexual. Para muitos de nós isto passa como um óbvio dado de normalidade. Ainda temos indícios de que a homossexualidade, entre psicanalistas cis, segue sendo um "caso clínico", algo que a heterossexualidade jamais foi, ainda que, numa psicanálise verdadeiramente descolonial, a heterocisnormatividade é que precisa ser estudada como um caso clínico. Afinal, o que faz alguém se tornar heterocissexista? O medo do pai? A crença na eternidade do patriarcado? A identificação com o dominador? A formação reativa do fascínio pelo diferente? A sustentação performática de um falo como índice de poder? Ou simplesmente o narcisismo das pequenas diferenças somado ao poder real de destruição? O que leva os grupos heterocissexistas a fazerem pactos de objetificação das diferenças? Por que esses casos são tão misóginos, LGBTQIA+ fóbicos e racistas?

Quais são as teorias sexuais infantis que determinam subjetivamente sujeitos heterocissexistas? Precisaríamos saber melhor sobre isso para evitarmos transformá-las em verdade universal. A hipótese que se nos impõe é a de que a fantasia sexual infantil predominante nos heterocissexistas é a do menino de Viena do século XIX. Vejamos que interessante: quando interrogamos o caso do homem-heterocissexista, chegamos àquilo que a psicanálise transformou em universal, mais especificamente com o nome de complexo de Édipo. Como podemos tratar esse homem heterocissexista sem mostrar a ele a singularidade acachapante de sua fantasia sexual infantil e destroná-lo de sua fantasia supremacista de sujeito universal?

Butler aponta com precisão a heterocisnormatividade freudiana:

> *A conceituação da bissexualidade em termos de predisposições, feminina e masculina, que têm objetivos heterossexuais como seus correlatos intencionais sugere que,*

para Freud, a bissexualidade é a coincidência de dois desejos heterossexuais no interior de um só psiquismo. Com efeito, a predisposição masculina nunca se orienta para o pai como objeto de amor sexual, e tampouco se orienta para a mãe a predisposição feminina (a menina pode assim se orientar, mas isso antes de ter renunciado ao lado "masculino" da sua natureza disposicional). Ao repudiar a mãe como objeto de amor sexual, a menina repudia necessariamente sua masculinidade e "fixa" paradoxalmente sua feminilidade, como uma consequência. Assim, não há homossexualidade na tese da bissexualidade primária de Freud, e só os opostos se atraem.[11]

Quanto à "questão trans", pois bem, ainda segue sendo uma questão para a psicanálise: haja vista quanto a apresentação de Paul B. Preciado na Escola da Causa Freudiana, em novembro de 2019, "Sou o monstro que vos fala", mobilizou psicanalistas do mundo inteiro que correram diagnosticá-lo para não ter de ouvi-lo.

Há pouco começamos a ouvir os analistas reconhecerem o erro de Lacan ao considerar o "transexualismo" (*sic*) uma psicose. Ainda há, no entanto, quem diga que a transgeneridade não pode ser diagnosticada como psicose, mas não sem salvar Lacan e forçar uma leitura de que ele nunca deu tal diagnóstico.

Concordamos com Thamy Ayouch, que diz:

Isso implica para as posturas psicanalíticas se des-soli-darizarem das avaliações psiquiátricas, denunciarem

---

11 Butler, J. (1990/2018). *Problemas de gênero: feminismo e subversão da identidade* (p. 112). Civilização Brasileira.

o maltrato institucional, teórico e clínico das pessoas trans, pensarem além do binarismo e a partir da multiplicidade e abandonarem as etiologias, as nosografias e talvez toda a psicopatologia. O alvo seria elas abarcarem as variedades de sexuações e sexualidades não como exceções, mas como a regra da subjetivação. Talvez o ponto de encontro de saberes psi e saberes trans resida na promoção da multiplicidade e da criatividade psíquica e social, dentro de uma "política das alianças". Trata-se de ver que a fluidez, a transição, a metamorfose vivenciada por pessoas trans durante e depois da sua transição são processos de construção do gênero, que dizem respeito também a pessoas ditas cis. Trata-se de apreender os percursos plurais trans como diversas possibilidades de identificação de gênero, como uma entre outras possibilidades de subjetivação, não suscetíveis de serem classificadas hierarquicamente em função de uma suposta superioridade das identificações cis-gênero. Trata-se de considerar que o gênero, ademais de não ser nem uma sentença biológica nem uma condenação simbólica, nunca é monolítico e fixo.[12]

---

12 Ayouch, T. (2016). Quem tem medo dos saberes T.? Psicanálise, estudos trans-gêneros, saberes situados. *Revista Periódicus, 1*(5). https://periodicos.ufba.br/index.php/revistaperiodicus/article/view/17171/1132

18. Dos Campos Cataláunicos a Caiboaté Grande:[1] o inconsciente colonizado

Conrado Ramos

Em um texto intitulado *Efeitos da colonização na psicanálise: o lugar do Brasil e da língua portuguesa*, Luciano Elia faz menção a uma passagem extremamente benjaminiana de Freud:

> *As experiências do ego parecem, a princípio, estar perdidas para a herança; mas, quando se repetem com bastante frequência e com intensidade suficiente em muitos indivíduos, em gerações sucessivas, transformam-se, por assim dizer, em experiências do id, cujas impressões são preservadas por herança. Dessa maneira, no id, que é capaz de ser herdado, acham-se abrigados resíduos das existências de incontáveis egos; e quando o ego forma o seu superego a*

---

1 Local de uma das mais sangrentas batalhas da Guerra Guaranítica, na qual cerca de 1.500 guaranis morreram resistindo aos exércitos dos impérios português e espanhol. Em 7 de fevereiro de 1756, nesse local morreu Sepé Tiaraju, guerreiro indígena que teria dito em guarani "*Co Yvy Oguereco Yara*", que se traduziu por "esta terra tem dono". Sete de fevereiro tornou-se o Dia Nacional da Luta dos Povos Indígenas.

partir do id, pode talvez estar apenas revivendo formas de antigos egos e ressuscitando-as. A maneira pela qual o superego surge explica como é que os primitivos conflitos do ego com as catexias objetais do id podem ser continuados em conflitos com o seu herdeiro, o superego. Se o ego não alcançou êxito em dominar adequadamente o complexo de Édipo, a catexia energética do último, originando-se do id, mais uma vez irá atuar na formação reativa do ideal do ego. A comunicação abundante entre o ideal e esses impulsos instintuais do Ics soluciona o enigma de como é que o próprio ideal pode, em grande parte, permanecer inconsciente e inacessível ao ego. O combate que outrora lavrou nos estratos mais profundos da mente, e que não chegou ao fim devido à rápida sublimação e identificação, é agora continuado numa região mais alta, como a Batalha dos Hunos na pintura de Kaulbach.[2]

Minha leitura, de orientação benjaminiana, entende que a voz silenciada dos vencidos segue viva e se transmitindo no isso, à espera de alguma espécie de redenção.

Elia, de modo um pouco diferente, propõe ouvir na herança do isso a fossilização dos eus colonizadores. Seu comentário é o seguinte:

Se, do lugar de colonizados, pudermos travar uma tensão dialética com nossos colonizadores históricos, que, por isso mesmo, transformaram-se, como o Isso freudiano, em fósseis de incontáveis eus que operam em nossa herança ancestral – passagem belíssima do texto freudiano em que nos

---

2 Freud, S. (1923/1996). O ego e o id. In S. Freud, *Edição standard brasileira das obras psicológicas completas de Sigmund Freud* (p. 51). Imago.

> *deparamos incontestavelmente com a transindividualidade*
> *do inconsciente que Lacan será compelido a formalizar –*
> *então estaremos em condições de analisar nossa condição*
> *de colonizados, dissolver os fósseis de "nosso" Isso-colono,*
> *destituir o colonizador em "nosso" supereu. . . .*[3]

É possível que pensar se a herança do isso é composta de eus colonizados ou colonizadores seja de menor importância, se entendermos que as cenas que ali se fossilizaram como experiência de eus são marcas de violências nas quais não só os traumas do colonizado, mas também o gozo do colonizador, se faz necessariamente presente.

Talvez, porém, com a concepção de que o eu, ao formar o seu supereu a partir do isso, está apenas revivendo formas de antigos eus e ressuscitando-as, possamos correlacionar a construção do supereu com as imposições históricas dos ideais dos vencedores que impregnam corpo e alma dos sujeitos por eles objetificados. E é nesse sentido que Elia menciona a transindividualidade do inconsciente, sua força ideológica como discurso concreto e que em Lacan aparece do seguinte modo: "O inconsciente é a parte do discurso concreto, como transindividual, que falta à disposição do sujeito para restabelecer a continuidade de seu discurso consciente".[4] (E vale observar: transindividual, mas não trans-histórico.)

Não é descabido, portanto, numa análise, interpretarmos o que do sujeito vem na forma transindividual da ideologia que, enquanto estrutural, isto é, componente político-econômico de uma sociedade capitalista, também compõe o inconsciente e, muitas vezes, "falta

---

3 Elia, L. (s.d.). *Efeitos da colonização na psicanálise: o lugar do Brasil e da língua portuguesa*. https://www.n-1edicoes.org/efeitos-da-colonizacao-na-psicanalise?.
4 Lacan, J. (1953/1998). Função e campo da fala e da linguagem em psicanálise. In J. Lacan, *Escritos* (p. 260). Jorge Zahar.

à disposição do sujeito para restabelecer a continuidade de seu discurso consciente".

Afinal, como é possível analisar nossa condição de colonizados, dissolver os fósseis de nosso isso-colono e destituir o colonizador em nosso supereu sem uma concepção de história, de luta de classes, de interseccionalidade e de dominação?

Embora Elia proponha um isso-colono, de minha parte tenho preferido pensar o isso como lócus de resistência, lugar da memória historicamente apagada. O que os sintomas revelam, muitas vezes, são eventos de gerações passadas nos quais o desejo foi interrompido e um sujeito foi silenciado. O isso grita nos sintomas contra o esquecimento. Desse modo, é ideológico pensar o isso como um primitivo à espera da ação civilizatória do supereu. O que poderíamos escutar de descolonial se tomássemos o isso como correlato de civilizações tombadas pela força predatória do supereu?

Seguindo nessa perspectiva podemos pegar o seguinte trecho de Freud: "se o ego não alcançou êxito em dominar adequadamente o complexo de Édipo, a catexia energética do último, originando-se do id, mais uma vez irá atuar na formação reativa do ideal do ego" e substituir "o complexo de Édipo" por "encontro com o real do sexo e suas respostas no campo da sexuação e da sexualidade". Teríamos: "se o ego não alcançou êxito em dominar adequadamente o encontro com o real do sexo e suas respostas no campo da sexuação e da sexualidade, a catexia energética do último, originando-se do id, mais uma vez irá atuar na formação reativa do ideal do ego". Tal substituição revela o que há de heterocisnormatividade neste "se o ego não alcançar êxito em dominar adequadamente", algo que o complexo de Édipo, por si só, sustenta como naturalizado. A catexia energética daquilo que tomba por meio dessa dominação da qual o eu faz parte em nossa sociedade é a mesma que, também no isso como lugar das ruínas do sujeito, alimentará reativamente fobias, sexismos, machismos e outras cisforias,[5] como ideais de eu construídos pelo crivo histórico patriarcal. Mas são também as catexias que nutrem os sintomas nos quais encontramos, na clínica cotidiana, a batalha secreta por sexualidades e identidades dissidentes.

Pois bem, temos um longo trabalho a fazer, e ele não se resume a meras novas aplicações das ferramentas clínicas que herdamos ou a acochambrar as novas epistemologias descoloniais nos interstícios da teoria já pronta. Se o contexto em que essas ferramentas e teoria foram produzidas está estruturalmente comprometido com as raízes burguesas, brancas, machistas e europeias, então será preciso começar por rever as próprias ferramentas e teoria.

Elia nos lembra que, quando de sua única viagem à América do Sul, Lacan forjou o significante lacano-americanos para designar seus seguidores sul-americanos. Poderíamos interpretar tal ato jocoso de inserir seu sobrenome num gentílico que lhe é tão distante como um correlato de colonização? Nada mais representativo da colonização que temos que fortemente questionar do que este ato linguístico de fincar sua bandeira na América do Sul.

É interessante, por fim, notar que a alegoria usada por Freud na citação – a pintura de Kaulbach na qual a batalha dos Campos Cataláunicos segue no plano elevado, mesmo após seu término – faz referência direta à luta pela derrubada do império romano. Sem que isso implique ingenuamente a ideia de um Freud descolonial, não é sem importância notarmos a correlação imediata do conflito psíquico como continuação, em outro plano, de revoltas anti-imperialistas. O que Freud propõe como ilustração da teoria talvez possa ser tomado como exemplo de um caso dela, quando nela forçamos uma descolonialidade que lá nunca esteve, originalmente.

---

5   Termo proposto por Lino Arruda em seu projeto Cisforia: o pior dos mundos: a distopia transgênero que faltava no seu leque de identidades. HQ por assinatura disponível em www.catarse.me.

19. A crítica da crítica à crítica

Ana Paula Gianesi

Butler criticou Freud e Lacan e foi criticada por pós-lacanianos que, por sua vez, veem em suas próprias críticas a derradeira pá de cal a ser lançada sobre as primeiras críticas da filósofa estadunidense.

Faríamos uma espécie de quadrilha poética, não fosse a concordância petulante daqueles que afirmam o assunto encerrado. Desqualificação típica e repetitiva, arrogam-se entendedores verdadeiros de Lacan. Asseveram: Butler não entendeu Lacan. Não entendeu o Real do sexo. Não entendeu que a diferença sexual é uma diferença mais diferente que outras diferenças (como raça, classe etc.). Estratégia incansável: desautorização por argumentos de autoridade que, não poucas vezes, giram em círculos – dito típico que ecoa aos quatro ventos: el(x) não entendeu!

Criticar Lacan parece subversão não aceita. Tampouco parece ter lugar a ideia da desconstrução dos aspectos conservadores e retrógrados da práxis. Salvar o pai e manter o caráter absoluto (todo) de um campo teórico talvez sejam tarefas realizadas por forças hercúleas. Sobremaneira, testemunhamos o esforço capital no sentido de manter os lugares de poder nos lugares de poder.

Quem acompanha Butler e sua leitura sobre a heteronormatividade compulsória e o caráter cisgênero da teoria psicanalítica não costuma ser bem recebido. A quem concorda com essas críticas, geralmente são endereçadas as mesmas e maçantes frases. Exemplos: não entendeu que a diferença sexual, nomeada por Lacan com os termos Homem e Mulher, refere-se, apenas, a semblantes. Da mesma forma, não entendeu que Homem e Mulher são dois significantes e, como tais, são vazios de significado e não carregam o peso de uma história de dominação. Não entendeu que se trata de uma questão discursiva etc.

Parece um passe de mágica usarmos termos que nos remetem às mais caricatas designações de gênero, bem como a uma longa história contada por vencedores, e dizer que são fruto de uma "diferença real" ou de significantes esvaziados de significado.

Sobre a suposta primazia da diferença sexual (sustentada, inclusive, por algumas psicanalistas feministas):

> *o que conduziu a uma segunda afirmação que quero contestar: a de que a diferença sexual é mais primária ou mais fundamental que outros tipos de diferença, incluindo aí a diferença racial. Tal afirmação da prioridade da diferença sexual sobre a racial marcou enormemente o feminismo psicanalítico como branco, pois se supõe que não só a diferença sexual é mais fundamental, mas que existe uma relação chamada de "diferença sexual" que não está marcada pela raça. Está claro aqui que essa perspectiva não entende a branquitude como uma categoria racial; é simplesmente outro poder que não precisa dizer seu nome. Portanto, alegar que a diferença sexual é mais fundamental do que a diferença racial é de fato supor que a diferença sexual é a diferença*

sexual branca e que a branquitude não é uma forma de diferença racial.

Nos termos lacanianos, os ideais ou normas veiculados pela linguagem são os ideais ou normas que regem a diferença sexual e que são conhecidos pelo nome de simbólico. Mas o que é necessário repensar radicalmente é que relações sociais compõem esse domínio do simbólico, qual o conjunto convergente de formações históricas de gênero racializado, de raça generificada, da sexualização de ideias raciais ou da racialização das normas de gênero compõem tanto a regulação social da sexualidade quanto suas articulações políticas psíquicas.[1]

A suposta neutralidade ou até a negatividade da identidade branca (cis, masculina e heterossexual) também foi problematizada por Preciado:

Por que estão vocês convencidos de que só os subalternos têm identidade? Por que vocês estão convencidos de que só os muçulmanos, só os migrantes, só as bichas amaneiradas, só os negros têm identidade? E vocês, os normais, os hegemônicos, os psicanalistas brancos da burguesia, os binários, os patriarco-colonialistas, não têm vocês identidade? Não há identidade mais estereotipada e rígida que a sua identidade invisível. Sua identidade ligeira e anônima é o privilégio da norma de gênero sexual e racial. Todos temos identidade. Ou, melhor dizendo, nenhum de nós tem identidade. Todos

---

1 Butler, J. (2019). *Corpos que importam: os limites discursivos do "sexo"* (pp. 305-306). n-1 edições.

ocupamos um lugar distinto em uma rede complexa de relações de poder. Estar marcado com uma identidade significa simplesmente não ter o poder de nomear como universal sua própria posição identitária.[2]

Ou seja, a afirmação da primazia da diferença sexual e a negação da identidade do dominador parecem convergir harmonicamente.

A interseccionalidade, entretanto, não prevê que classe, raça e gênero possam ser pensadas de modo estanque ou de forma que não estejam profundamente inter-relacionadas.

A luta pela superação das normatividades de gênero, dentro inclusive do campo psicanalítico, traz consigo as lutas de classe e antirracista, inevitavelmente.

Em *Corpos que importam*, Butler nos alerta sobre o perigo do apoio de teorias em um antagonismo sexual não problematizado, o que "involuntariamente, instala a matriz heterossexual como uma estrutura permanente e incontestável da cultura".[3] Ainda com Butler, podemos perguntar como poderia a psicanálise "conservar sua força explicativa" sem permanecer na "norma heterossexual" e em sua "consequência misógina"?[4]

Quiçá seja possível "entender" a obra lacaniana e, consubstancialmente, criticá-la, transformá-la.

Como demover o ranço do falocentrismo, do Homem-cis-hetero e branco (no lugar de sujeito absoluto, supostamente – ou cinicamente – sem "identidade") de nossa práxis? Como nos retiramos do

---

2 Preciado, P. B. (2020). *Yo soy el monstruo que os habla: informe para uma academia de psicoanalistas* (p. 39). Cadernos Anagrama. (tradução nossa)

3 Butler, J. (2019). *Corpos que importam: os limites discursivos do "sexo"* (p. 49). n-1 edições.

4 Ibid.

binarismo que veicula a misoginia? Homem e Mulher não precisam mais ser os únicos significantes-semblantes-referências da "identidade de gênero" (sim! Lacan usou a expressão "identidade de gênero"!).

Afinal, a não totalidade das identidades e a não relação sexual, que tanto apontam para o enigma da sexuação – o real do sexo – quanto procuram cernir um impossível – a impossibilidade de se fazer complemento entre corpos –, não precisam seguir a ideologia da diferença sexual binária.

Ou só entendeu Lacan quem dele não discorda?

20. Por uma sexuação fundada na somateca pós-fálica

Conrado Ramos

Meu corpo vivo, não direi meu inconsciente nem minha consciência, senão meu corpo vivo que engloba tudo, absolutamente tudo, em sua mutação constante e em seus múltiplos devires, é como uma cidade grega, na qual os edifícios contemporâneos trans convivem com pós-modernas arquiteturas lésbicas e com belas mansões femininas art déco, sob cujas fundações subsistem ruínas clássicas, restos animais ou vegetais, fundamentos minerais e químicos às vezes invisíveis. As pegadas que a vida passada deixou em minha memória se fizeram cada vez mais complexas e singulares, de modo que é impossível dizer que até há seis anos fui simplesmente uma mulher e que depois me converti simplesmente em um homem. Prefiro minha nova condição de monstro às de mulher ou homem, por que essa condição é como um pé que avança no vazio e aponta o caminho para outro mundo.[1]

A sexuação não é uma automação anatômica e definitiva; é construída, inventada, biograficamente engendrada na particularidade do corpo, com suas potencialidades e limitações geno e fenotípicas, por seus encontros com o erótico – de modo violento, não poucas vezes –, a partir dos restos históricos, de fragmentos discursivos, de respostas a epistemologias sexuais hegemônicas, tocada pela presença negada de corpos e sexuações silenciados e com o auxílio dos recursos científicos, tecnológicos, estéticos de sua época. Como condensado de tantas variáveis, a sexuação, seja ela como e qual for, é um sintoma singular e em movimento.

O pênis e a vagina são elementos que podem ou não ser considerados nessa constelação.

A consideração da presença ou ausência do pênis pode ser uma das formas de a sexuação fazer sintoma – a de Sigmund Freud, provavelmente –, mas podemos ouvir outras tantas ainda e ainda supor tantas outras. A teoria das pulsões, ao reconhecer o encontro entre o psíquico e o somático, a pulsão mesma como eco de um dizer no corpo, pode suportar incalculáveis formas de a sexuação fazer sintomas.

Não falo aqui do corpo vivo como de um objeto anatômico, senão como o que denomino "somateca", um arquivo político e vivente. Do mesmo modo que Freud considerou que o aparato psíquico excedia a consciência, hoje é necessário articular uma nova noção de aparato somático para dar lugar às modalidades tanto históricas como

---

1 Preciado, P. B. (2020). *Yo soy el monstruo que os habla: informe para uma academia de psicoanalistas* (p. 44). Cadernos Anagrama. (tradução nossa)

externalizadas do corpo, aquelas que existem mediadas pelas tecnologias digitais ou farmacológicas, bioquímicas ou protéticas. A somateca está mudando.[2]

A somateca está mudando, seja de modos descolonizados como o dos corpos não binários, seja na forma colonizada, burguesa e consumista do kardashianismo e do bombadismo.

Há a somateca dos vencidos e há a somateca dos vencedores. A sexuação faz sintomas e imagens que não são jamais sem conteúdo político. Preciado não deixa de enfatizar as milhares de vozes que carrega consigo, como corpes que suplicam continuamente num tempo que se desdobra para trás ao longe e que também entoam sua luta no ato político do instante da enunciação:

> *Com respeito a nós, os monstros da modernidade patriarco-colonial, a cura por meio da palavra e as terapias comportamentais ou farmacológicas não se opõem, e sim trabalham de maneira complementar como dispositivos de controle. Muitos de meus ancestrais morreram e morrem hoje, todavia, assassinadas, assassinados e assassinades, violades, espancades, trancades, medicalisades... ou viveram ou vivem sua diferença em segredo. Essa é minha genealogia, e é com a força que obtenho de todas suas vozes silenciadas, ainda que só em meu nome, que me dirijo a vocês hoje.*[3]

Pode o psicanalista ouvir essas vozes enquanto não substituir o sujeito a se encaixar no lado homem ou mulher, segundo sua relação com o falo, pela somateca pós-fálica?

---

2 Ibid., pp. 44-45

3 Ibid., p. 80

Até que encontremos prova contrária, não há somateca falante pós-fálica que não invente um corpo e aquilo com o que ele gosta de gozar. Chamemos isso de sintomas da sexuação de cada um.

$$\overline{\exists(x)}\ \overline{\Sigma(x)}$$

Não podemos, portanto, afirmar que para toda somateca falante valha a sexuação: $\forall(x)\Sigma(x)$.

A somateca falante que cair na sexuação vai fazer corpo sexuado: lésbica, gay, trans, bi, *queer*, intersexo, agênero, +, mulher, homem. Mas é preciso que verifiquemos caso a caso, se quisermos manter a singularidade desta invenção. Na era da somateca falante pós-fálica não haverá letras o bastante para nomear as modalidades singulares da sexuação. Precisamos de uma lógica de negação do todo.

Como traço distintivo que é, o corpo sexuado de cada um não pode ser traço unificante. Uma sexuação pós-fálica só é verificável *a posteriori*; não há sexuação *a priori* que não imponha uma norma, uma subsunção normativa. No campo extensivo da função fálica universalizante perdem-se as referências existenciais que caem sob o conceito de sexuação.

Fazer a coleção dos homens, das mulheres, dos trans, dos cuíres, já seria não tomar uma a uma as sexuações das somatecas falantes. (Ainda que, estrategicamente, as coleções, ao fazerem política identitária, contem para a luta por lugar e voz de sujeitos desejantes.)

Na lógica da sexuação pós-fálica os sentidos sexuais, suas representações prévias unificantes, cedem às referências sexuadas, ou seja, às distintas apresentações possíveis da sexuação como aquilo que só se presentifica no próprio laço. Os sintomas da sexuação são prenhes de significância, mas não toleram significados prévios e fechados. Seu sentido se constela em ato. É contingente, sem precisar se tornar necessário. Diante da ausência de um todo sexual, as sexuações particulares não podem mais ser subordinadas. E ao particular não subordinado podemos dar o estatuto de singularidade, posto que se assemelha somente a si mesma. Na lógica da somateca falante pós-fálica teremos não mais a identidade sexual ou de gênero, mas a singularidade sexual ou de gênero.

Será que não podemos desde já dar ouvidos a essa somateca falante?

21. O pan-óptico do con-domínio

Ana Paula Gianesi

Em suas teses sobre o conceito de história, Walter Benjamin escreveu (tese II):

> Será que não passa por nós o alento de um ar que esteve com os antepassados? Não haverá nas vozes que nos chegam aos ouvidos um eco dos que agora estão mudos? . . . *Se é assim, existe um encontro secreto entre as gerações passadas e a nossa.*[1]

De quem são as vozes silenciadas quando a história nos é contada pelos dominadores? Falta-nos ar quando nos parece que apenas alguns têm história. Há quem fale sobre tudo. Há quem sobretudo fale tudo. Há quem circule sobre o todo, fazendo girar o grande círculo da história – dos vencedores. O ar dos antepassados, o eco dos que estão mudos. A voz que grita por ser ouvida, porque calada,

---

1 Benjamin, W. (1940/2020). *Sobre o conceito de história* (pp. 67-68) (A. Müller & M. Seligmann-Silva, Trad.). Alameda.

258 O PAN-ÓPTICO DO CON-DOMÍNIO

porque mutilada pelo presente e pelo passado opressores, essa voz que Itamar Vieira Junior escreveu em *Torto arado*,[2] as vozes de Belonísia e Bibiana, são vozes de antepassados que em cor(o) justamente permitiriam articular uma "contranarrativa" e uma "luta por uma mudança histórica":

> *Benjamim escreve sobre um "heliotropismo de tipo secreto". Esta insistência no descortinar do elemento "secreto" vincula-se ao projeto benjaminiano de escovar a história a contrapelo . . ., que, como na psicanálise, rompe o que estava recalcado, o censurado, aquilo que era escondido por falsas narrativas que não permitem a articulação de* contranarrativas *que, por sua vez, sustentam a resistência e a* luta pela mudança histórica.[3] *(grifos nossos)*

Como escovar a história a contrapelo de modo a descortinar o elemento secreto? Como permitir que os ares dos antepassados derrotados façam ventania e com isso possam modificar o passado-presente da dominação patriarco-colonial-racista?

Não parece que aqueles que se posicionam como os contadores da história oficial saiam de cena ou cedam lugar a outras vozes por livre e espontânea vontade (a não ser que falem por elas sem deixá-las falar). Os supremacistas esforçam-se por permanecem no comando, agarrados a suas "arma-duras".

A panóplia é, entretanto, a um só tempo exibida e escondida pelo macho-adulto-branco-(rico)-no-comando. Veste a armadura que a própria condição lhe oferece e desfila suas coleções de armas,

---

2 Vieira Jr., I. (2021). *Torto arado*. Todavia.
3 Benjamin, W. (1940/2020). *Sobre o conceito de história* (p. 33) (A. Müller & M. Seligmann-Silva, Trad.). Alameda.

com toda violência a elas acoplada. Profere impropérios, diz o que quer como se consequência não houvesse, ofende, agride etc. Do alto de seu pan-óptico particular, narra a história (desmentindo tratar-se apenas de uma versão) com domínio universal, arrogando-se um: eu – a verdade Falo-toda! Olhar soberano, que dita os fatos, as ocorrências e as interpretações. Sobrevoa a história como quem tem desta a posse total, com assinatura e firma reconhecida pela lógica patriarcal. A privatização da verdade, desde a voz do "pai-n-óptico", faz da variedade uma forma vedada e calada. Plaina sobre instituições, tem ares de administrador e, vociferante, trança o que o sistema capitalista racista e heteropatriarcal lhe concede como "privilégio", com uma posição, um tanto caricata, de uma espécie de senhor feudal que teima em permanecer entre-muros.

Parece querer ignorar que carrega consigo, nos termos de Benjamin, as ferramentas da classe dominante:

> *Articular o passado historicamente não significa conhecê-lo "como ele foi de fato". Significa apoderar-se de uma recordação, tal qual ela relampeja no instante de um perigo. Para o materialismo histórico, trata-se de capturar uma imagem do passado tal como ela, no instante do perigo, configura-se inesperadamente ao sujeito histórico. O perigo ameaça tanto a sobrevivência da tradição quanto os seus destinatários. Para ambos ele é um e o mesmo: entregar-se como ferramenta da classe dominante.*[4]

Não é incomum, outrossim, que os donos das narrativas oficiais, estes que não leem a história por relampejos, que não deixam ecoar

---

4 Ibid., pp. 36-37

260   O PAN-ÓPTICO DO CON-DOMÍNIO

as vozes dos antepassados derrotados, que creem conhecer a história "como foi de fato", que não concebem os restos (a não ser quando deles se outorgam proprietários), não é incomum encontrá-los lançando mão de estratégias de vitimização próprias: quanto sofrem e/ou sofreram, quão injustiçados e maltratados foram ou costumam ser, justo eles, pessoas de bem, conduzidos por uma ética impecável. O clã misógino-classista-racista-LGBTQIA+fóbico que presidiu nosso país faz isso com mestria. Não obstante, é triste constatar que parte de uma esquerda masculina e branca reproduza o mesmo... e... algumas vezes, com pós-doutoramento, livre-docências, apelos midiáticos e mais...

O autoritarismo disfarçado de vitimização é profundamente desrespeitoso em relação às devastadoras questões sociais e políticas que assolam e assolaram populações minoritarizadas, a saber, aquelas que, por interseccionalidade, traduzem-se por classe-raça-gênero-etc. As pessoas que têm corpos/ corpas (que não importam).

O macho-adulto-branco-(rico)-no-comando não tem como ter a experiência corporal de quem é colocado como Outro, no discurso. Muito menos de quem se localiza como Outro do Outro (a população negra periférica, majoritariamente dita "mulher"). O discurso de vitimização do dominador é vexatório. Não se trata, lógico, de pleitear a (re)vitimização das vítimas, mas de luta. Trata-se de reconhecer o incabível para que seja possível tecer contranarrativas, para que a mudança possa se dar.

Abramos nossos ouvidos branquinhos-burgueses. Fanon:

> *O conhecimento do corpo é unicamente uma atividade de negação. É um conhecimento em terceira pessoa. Em torno do corpo reina uma atmosfera densa de incerte-zas. . . . Eu não aguentava mais, já sabia que existiam lendas, histórias, a história e, sobretudo, a historicidade*

que Jaspers havia me ensinado. Então, o esquema corporal, atacado em vários pontos, desmoronou, cedendo lugar a um esquema epidérmico racial. . . . *Eu era ao mesmo tempo responsável pelo meu corpo, responsável pela minha raça, pelos meus ancestrais. Lancei sobre mim um olhar objetivo, descobri minha negridão, minhas características étnicas, – e então detonaram meu tímpano com a antropofagia, com o atraso mental, com o fetichismo, as taras raciais.* . . . *Meu corpo era devolvido desancado, desconjuntado, demolido, todo enlutado, naquele dia branco de inverno. O preto é um animal, o preto é...*[5]

E Gonzalez:

A gente tá falando das noções de consciência *e de* memória. *Como consciência a gente entende o lugar do desconhecimento, do encobrimento, da alienação, do esquecimento e até do saber. É por aí que o discurso ideológico se faz presente. Já a memória, a gente considera como o não saber que conhece, esse lugar de inscrições que restituem uma história que não foi escrita, o lugar de emergência da verdade, dessa verdade que se estrutura como ficção. Consciência exclui o que a memória inclui. Daí, na medida em que é o lugar da rejeição, a* consciência se expressa como discurso dominante (ou efeitos desse discurso) numa dada cultura, ocultando a memória, mediante a imposição do que ela, consciência, afirma como a verdade. *Mas a memória tem suas*

---

5 Fanon, F. (1952/2008). *Pele negra, máscaras brancas* (pp. 104-106). Edufba.

astúcias, seu jogo de cintura; por isso, ela fala através das mancadas do discurso da consciência. O que a gente vai tentar é sacar esse jogo aí das duas, também chamado de dialética. E, no que se refere à gente, à crioulada, a gente saca que a consciência faz tudo pra nossa história ser esquecida, tirada de cena. E apela pra tudo nesse sentido. Só que isso tá aí... e fala.[6] *(grifos dos autores)*

Tarefa difícil, esta, principalmente para quem se acostumou a plainar sobre os mortais como um "pan-óptiquer", com-domínio da consciência do discurso dominante: propiciar que a memória fale, poder escutá-la – escutar e dar lugar a isto que é um "não saber que conhece", sem fazer dos escombros, dos restos, da ancestralidade, propriedade privada, ou questão narcísica –, sem fazer disso questão do umbigo do mundo.

---

6 Gonzalez, L. (2020). *Por um feminismo afro-latino-americano* (pp. 78-79). Zahar.

22. Cama de Procusto

Conrado Ramos

Mas, igualmente, somente com a subversão, se ela não triunfa, é mais provável que seus produtos, propostas e virtualidades, sejam ou possam ser cooptados e assimilados dentro do padrão dominante, na medida em que sejam úteis e compatíveis com as trocas e ajustes requeridos nele e, claramente, ao preço da adaptação destes elementos aos fins e exigências de tal padrão, isto é, procusteados, distorcidos, inclusive desnaturalizados e degradados. . . . Nesse caso, se alguns dos elementos produzidos pelos dominados e a subversão aparecem como úteis ao rearranjo do poder, eles serão totalmente expropriados de seus produtores e serão devolvidos a eles como originais de seus dominadores. Isto é, transformados em instrumentos de dominação.[1]

---

1 Quijano, A. (2019). Colonialidad del poder y subjetividade en America Latina. In W. D. Mignolo (Org.), *Aníbal Quijano: ensayos en torno a lacolonialidad del poder* (pp. 340-341). Del Signo. (tradução nossa)

Em que pese esta reflexão de Quijano fazer referência à resposta colonial à subversão de um padrão global de poder, de imagens e símbolos, de padrões de conhecimento e de produção do conhecimento, vale pensarmos, em um registro bem mais reduzido, a força que tem a resposta colonial dentro dos laços de poder das instituições psicanalíticas.

São notórios os modos como a psicanálise lacaniana – com a qual tenho familiaridade e lugar para observar com calma – cooptou e assimilou, dentro de seus padrões dominantes, a força subversiva de discursos e epistemologias cuíres e feministas, evidentemente, procusteando-a, distorcendo-a, desnaturalizando-a e degradando-a.

É fascinante ver como alguns autores são capazes de fazer das fórmulas da sexuação a cama de Procusto das epistemologias *queer* e feministas, como se o lacanismo tivesse nascido *queer* e feminista ou como se seus fundamentos teóricos não tivessem nada de compulsoriamente heteronormativo, cissexista e colonial. Ao contrário, há quem faça parecer que existe entre psicanálise e tais epistemologias uma convergência natural, de modo que uma possa muito bem se oferecer como um acréscimo à outra, sem quaisquer necessidades de críticas. Nesses casos em que a cooptação de teorias subversivas de atores sociais dominados aparece como uma aproximação amistosa e "alguns dos elementos produzidos pelos dominados e a subversão aparecem como úteis ao rearranjo do poder, eles serão totalmente expropriados de seus produtores e serão devolvidos a eles como originais de seus dominadores. Isto é, transformados em instrumentos de dominação."

A teoria psicanalítica é colonizadora a cada vez que acochambra uma teoria subversiva de atores sociais dominados a seus padrões preestabelecidos e universalizados.

23. "há homens que lá estão tanto quanto as mulheres"

Ana Paula Gianesi

Sobre continuar a chamar de Homem e Mulher os lados das fórmulas da sexuação propostas por Lacan e, ao mesmo tempo, defender que não se trata de um discurso cis/binário, falocêntrico e heteronormativo ou ainda que não se trata de perpetuar uma história de longa duração – de dominação e de falas em forma de monopólio (ou monólogo), retomemos passagens cruciais do Seminário 20, *Mais, ainda*:

> *e somente por fundar o estatuto d'a mulher no que ela não é toda. O que não nos permite falar de A mulher.*
>
> *Não há mulher senão excluída pela natureza das coisas que é a natureza das palavras, e temos mesmo que dizer que se há algo de que elas mesmas se lamentam bastante por ora, é mesmo disto – simplesmente, elas não sabem o que dizem, é toda a diferença que há entre elas e eu. Nem por isso deixa de acontecer que se ela está excluída pela natureza das coisas, é justamente pelo fato de que,*

> *por ser não-toda, ela tem, em relação ao que designa de gozo a função fálica, um gozo suplementar.*
>
> *Vocês notarão que eu disse suplementar. Se estivesse dito complementar, aonde é que estaríamos! Recairíamos no todo.*[1]

O não-todo, ainda vestido de "mulher" (mesmo após tantas ondas do feminismo que já não se deixam enganar pelo engodo dos significantes "mulher" e/ou "mulheres"), apenas solidifica o binarismo e a dominação de gênero. Reifica e emudece, reduz ao corpo e transforma em puro enigma. E isso tudo com um contorno supostamente glamuroso. A começar pela enunciação: se elas não sabem o que dizem, eu, homem/cis, direi por elas.

> *Há um gozo dela, desse ela que não existe e não significa nada. Há um gozo dela sobre o qual talvez ela mesma não saiba nada a não ser que o experimenta – isto ela sabe. Ela sabe disso, certamente, quando isso acontece. Isso não acontece a elas todas. Eu não queria vir a tratar da pretensa frigidez, mas é preciso fazer parte da moda no que concerne às relações entre homens e mulheres. É muito importante. É claro que tudo isso, no discurso, ai de nós! de Freud como no amor cortês, está coberto por amiudadas considerações que exerceram seus arrasamentos. Considerações amiudadas sobre o gozo clitoridiano e sobre o gozo que chamam como podem, o outro justamente, esse que estou a ponto de fazer vocês abordarem pela via lógica, porque até nova ordem, não há outra.*

---

1 Lacan, J. (1985). *O Seminário, livro 20: mais, ainda* (1972-1973) (p. 99). Zahar.

O que dá alguma chance ao que avanço, isto é, que, desse gozo, a mulher nada sabe, é que há tempos que lhes suplicamos, que lhes suplicamos de joelhos – eu falava da última vez das psicanalistas mulheres – que tentem nos dizer, pois bem, nem uma palavra! Nunca se pode tirar nada. Então a gente o chama como pode, esse gozo, vaginal, fala-se do polo posterior do bico do útero e outras babaquices, é o caso de dizer. Se simplesmente ela o experimentava, ela não sabia nada dele, o que permitiria lançar muitas dúvidas para o lado da famosa frigidez.[2]

Frigidez, gozo clitoridiano, gozo vaginal... mulheres e homens... (isso não é cis?).

Mulheres que não sabem o que dizem, que não emitem uma palavra, que são desprovidas da qualidade das coisas... (e então os homens falam sobre elas como se soubessem dizer, por exemplo, o que é uma mulher que gosta de ser mulher).

(A mulher com "valor" de objeto, por ser objeto causa de desejo de um homem, a mulher enigma... enfim, quem pode defender que essa "alterização", tão condizente com o sistema de dominação, torna a mulher, ou as mulheres, algo que possa ser subversivo ou traduzido em luta?)

Dizer que os sujeitos ou o falasser possam se orientar ao não--todo, em uma oposição radical ao todo, é completamente diferente de continuar forçando os dominados da história a se manterem nesse lugar Outro, lugar que apenas reedita a dominação. Vestir o não-todo com gênero, sexo, raça ou classe é um gesto profundamente conservador e retrógrado. Transformar história em estrutura impede qualquer tentativa de mudança. Uma política do não-todo,

---

2 Ibid., pp. 100-101

sob meu ponto de vista, não deveria ficar sob o significante mulher (acrescentemos que nem todos os supostos contingentes gostariam de ficar sob esse significante).

Outra gravidade, ainda, diz respeito a certa confusão que se mantém entre gozo e orgasmo. Se não é do orgasmo que se trata no gozo (não obstante esses trechos abram espaço para os maiores enganos e engodos imaginários), Lacan enrolou-se entre gozo "vaginal" e frigidez (orgasmo ou falta de orgasmo?) e postulou que o gozo da não-toda está bipartido entre o falo, vertida ao falo-Homem (há quem se dedique a pensar as questões do pênis ereto e da detumescência) e o gozo Outro (também denominado gozo místico).

Pois bem, discorrendo sobre o gozo místico, sobre o gozo além do falo, Lacan não deixa de afirmar homem (aquele que tem o falo-pênis) e mulher:

> *A mística, não é de modo algum tudo aquilo que não é a política. É algo de sério, sobre o qual nos informam algumas pessoas, e mais frequentemente mulheres, ou bem gente dotada como São João da Cruz – porque não se é forçado, quando se é macho, de se colocar do lado do $\forall x \Phi x$. Pode-se também colocar-se do lado do não-todo.* Há homens que lá estão tanto quanto as mulheres. *Isto acontece. E que, ao mesmo tempo, se sentem lá muito bem. Apesar, não digo de seu Falo, apesar daquilo que os atrapalha quanto a isso, eles entreveem, eles experimentam a ideia de que deve haver um gozo que esteja mais além. É isto que chamamos os místicos.*[3] *(grifos dos autores)*

---

3 Ibid., p. 102

São João, muito embora seja macho, dotado de falo-pênis, localiza-se no lado não-todo, e isso por experimentar um gozo mais além, místico. Salta aos olhos que Lacan não tenha podido abrir mão do binarismo psicanalítico, mesmo quando supostamente diz que um homem pode ser ou estar no não-todo tanto quanto as mulheres.

No seminário seguinte, o 21, ele afirmará que um ovo jamais será um espermatozoide.[4]

Ele não apenas não pode atravessar o binarismo/cis da psicanálise, como o sustentou. Sua transfobia talvez o tenha impedido. Quem continua insistindo na "diferença sexual" binária e nos "significantes" Homem e Mulher tampouco se arrisca a colocar os pés em qualquer realinho... quiçá algumas ondas ainda sejam necessárias...

---

4 Lacan, J. (1973/1974). O Seminário, livro 21: Les non-dupes errent. Aula de 19 fev. 1974. (Trabalho inédito)

24. Discurso do mestre ou discurso do colonizador?

Conrado Ramos

A psicanálise que toma as marcas sociais de um falasser oprimido e cotidianamente objetificado como itens de superfície imaginária e não como incorporações subjetivas, e ainda busca reduzi-los ou adequá-los à escuta higienista do sujeito de linguagem, está fazendo política colonial e não psicanálise.

O inconsciente só pode ser efetivamente político se for ouvido como manifestação das construções dialéticas de um corpo desejante numa sociedade de sexuações compulsórias que impõe racializações e diferenças de classe. Ouvir o falasser retirando-o desse contexto, como se tudo isso fosse um conjunto de adereços imaginários de um sujeito sem cor, gênero e classe, é tomar o inconsciente como uma plataforma neoliberal de igualdade absoluta, sobre a qual cada um pendura as identidades de sua história pessoal. O inconsciente neoliberal, equivalente à entidade de mercado, é uma invenção abstrata e universal descorporalizada.

Tal proposição nos permite dar outro entendimento à fórmula lacaniana de que o inconsciente é o discurso do mestre. Sim, de fato, o inconsciente da teoria lacaniana muitas vezes é o discurso do mestre. E precisamos nos interrogar o que significa submeter sujeitos subalternizados a ele.

25. Sujeito universal e branqueamento

Conrado Ramos

É, evidentemente, confuso o processo psicológico da ordem do inconsciente pelo qual os negros passam. Ser sujeito no outro significa não ser o real do próprio corpo, que deve ser negado para que se possa ser o outro. Mas essa imagem de si, forjada na relação com o outro – e no ideal de brancura – não só não guarda nenhuma semelhança com o real de seu corpo próprio, mas é por este negada, estabelecendo-se aí uma confusão entre o real e o imaginário. Guardadas as devidas proporções, essa confusão leva o negro diante de um processo muito próximo do que se conhece por despersonalização, que é vivenciado de uma forma crônica como consequência da discriminação e que, estranhamente, não o leva às últimas consequências, ou seja, à loucura. Esse processo despersonaliza e transforma o sujeito num autômato: o sujeito se paralisa e se coloca à mercê da vontade do outro. Assim fragilizado, envergonhado de si, ele se vê exposto a uma situação em que nada separa o real do imaginário. As fantasias estão simultaneamente dentro e fora. É justamente porque o racismo não se formula explicitamente, antes sobrevive num devir interminável como uma possibilidade virtual, que o terror de possíveis ataques (de qualquer natureza, físicos ou psíquicos) por parte dos brancos cria para o negro uma angústia que se fixa na realidade exterior e se impõe inexoravelmente.[1]

Este longo e denso trecho de um texto de Isildinha Baptista Nogueira traz muitas reflexões clínicas de fundamental importância.

A autora mostra como o racismo participa da constituição subjetiva.

Ou seja, esta constituição do sujeito não pode ser abstraída em favor de um suposto sujeito universal sem que interroguemos a dominação que aí se esconde por favorecer aqueles para quem a imposição de uma diferença não se coloca. A forma supostamente universal da constituição do sujeito é a forma do homem cis branco, numa sociedade resultante do racismo colonial e sexista. A mera aplicação desta forma particular universalizada ideologicamente a grupos subalternizados já constitui, por parte da psicanálise como teoria e instituições que a sustentam e por parte dos psicanalistas que a praticam – brancos em grande maioria –, uma gigantesca contribuição com a ideologia do branqueamento.

As concepções universalizadas da psicanálise oferecem aos negros algo deste ser no outro branco que, como ideal de eu, se impõe social e historicamente.

---

1 Nogueira, I. B. (2017). Cor e inconsciente. In N. M. Kon, M. L. Silva & C. C. Abud, *O racismo e o negro no Brasil* (p. 124). Perspectiva.

O real do próprio corpo, corpo preto, e a imagem ideal imposta de brancura, negam-se mutuamente gerando, em função das constantes práticas discriminatórias, o que a autora chama de um processo muito próximo da despersonalização. É importante notar que a autora define como confusão essa relação entre real do corpo e imagem branqueada de si, pois, permite-nos pensar a produção de uma certa continuidade entre real e imaginário que, sabemos bem, tem efeitos melancolizantes quando não há ou está impedida, por alguma razão, a participação do simbólico como condição para diferenciá-los. Vale dizer: a ideologia do branqueamento talvez tenha justamente por estratégia a produção desta continuidade entre real e imaginário ("ele se vê exposto a uma situação em que nada separa o real do imaginário"), na medida em que mantém discursivamente universalizadas – da colonizadora democracia racial ao sujeito universal da psicanálise – as "condições" social e historicamente oferecidas a pessoas brancas e não-brancas (e também homens e não-homens, héteros e não-héteros, não-deficientes e deficientes, etc). É nesse sentido que importa entender quando a autora diz "é justamente porque o racismo não se formula explicitamente, antes sobrevive num devir interminável como uma possibilidade virtual, que o terror de possíveis ataques . . . por parte dos brancos cria para o negro uma angústia que se fixa na realidade exterior e se impõe inexoravelmente" como revelação das táticas de suspensão do simbólico: não explicitar a formulação do racismo, mantê-lo sempre como interminável ameaça, como fonte de angústia. Os efeitos dessa estratégia também podemos ler com Isildinha: "transforma o sujeito num autômato: o sujeito se paralisa e se coloca à mercê da vontade do outro".

Pelo que a autora deixa tão nítido, a não formulação explícita do racismo é o que causa o fato das fantasias estarem "simultaneamente dentro e fora". Enquanto a psicanálise e nós psicanalistas não compreendermos a importância clínica de formular explicitamente o racismo, continuaremos tratando por fantasia o que é estratégia de dominação e, com todas as letras, contribuindo com ela. O silêncio diante da circunstância em que se faz possível a formulação explícita do racismo já é, em si mesmo, racista, ao menos por omissão diante da violência. Apontar o racismo é recompor o simbólico como anteparo para desfazer a confusão entre real e imaginário. Não podemos mais acompanhar em silêncio o sujeito negro seguir negando o corpo próprio e tomando a brancura por imagem de si, mas tal mudança implica dar-se conta do quanto e como o racismo (e outros "ismos") faz parte do inconsciente, seus mecanismos, produções e formações – muito embora tanta resistência da psicanálise em percebê-lo (e sabemos o porquê). Noutros termos: em que medida a formulação explícita do racismo como parte do tratamento clínico psicanalítico não separa fantasia de dominação objetiva e age como S a separar I de R?

26. A-preci(a)ções[1]

Ana Paula Gianesi

Inicio estas apreciações com a performance de Jota Mombaça e Patrícia Tobias "Que pode o Korpo?". Proponho que assistamos a um trecho da performance gravada. Lerei, em seguida, o texto de Jota.

Acredito que possamos verificar o quanto o texto-performance de Jota conversa com o que traz Preciado. Penso que há algo de aposta no que ambes propõem, mas, sobremaneira, uma espécie de chamamento ao Ato (por isso, ações). Há algo de apocalíptico no que nos trazem – para Jota, não sem ancestralidade, certamente, mas o que me parece fundamental é que rompem com a ideia de que não há mundo porvir (mesmo que não nos digam que mundo seria esse). A crítica radical aos modos e aos mundos é consubstancial ao apontamento da necessidade de mudança. Evidentemente,

---

1 Este texto foi apresentado na mesa "Eu sou o monstro que vos fala", no evento de lançamento do livro de mesmo nome de Paul B. Preciado no Fórum do Campo Lacaniano de São Paulo, em 24 de setembro de 2022, com organização do Seminário Sociedade hétero-patriarcal-colonial, críticas feministas e psicanálise. Participaram desta mesa a autora, Ilana Mountian e a tradutora do livro Carla Rodrigues, sob coordenação de Juliana Agnes.

278 A-PRECI(A)ÇÕES

Preciado e Jota conversam com outres ativistas, teoriques/artistas etc. Gostaria, inclusive, de colocar, nesse nosso debate, algumas dessas vozes em diálogo.[2]

O texto a seguir é a transcrição da fala de Jota na sua performance com Patrícia Tobias:

> *Corpo, território ocupado pelo sex-Império. Objeto a ser moldado pela tecno cultura heterocapitalista. Corpo de macho. Corpo de macho castrado de cu. Corpo-colônia. Corpo marcado. Corpo usurpado pelos sistemas classificatórios. Corpo lacrado, embalado a vácuo ou triturado e encapsulado para facilitar o tráfego. Tráfico de corpos. Corpo produto. Corpo de macho emburrecido enlatado. Corpo-colônia. Corpo desencarnado. Corpo submisso ao Eu, à identidade transcendente. Corpo de macho dominador submisso. Corpo de macho enclausurado em seus privilégios. Corpo de macho vigiado. Corpo de macho drogadiço e vigiado. Corpo de macho covarde drogadiço e vigiado. Corpo devastado. Corpo photoshopado devastado. Corpo photoshopado sarado devastado vazio. Corpo desabitado. Ruína de corpo. Corpo bombardeado em Gaza. Corpo que se atira da ponte. Corpo suicidado. Corpo sem vida. Corpo impensável. Corpo, território isolado pelo sex-Império. Corpo prozac. Corpo scotch. Corpo cocaine. Corpo desidratado. Corpo de noia. Corpo amputado de noia desidratado. Economia de corpos. Corpo, objeto a ser moldado e descartado pela tecno cultura heterocapitalista. Corpo gramacho. Corpo*

---

2 A videoperformance de Jota Mombaça e Patrícia Tobias está disponível em: vimeo.com/64778343.

de lixo. Lumpencorpo. Então... Como vergar esse corpo? Como dobrá-lo?[3]

Um corpo ocupado pelo sex-Império, corpo-objeto-moldado e descartado pelo hetero-cis-capitalismo, pelo capitalismo-colonial--racista. O Lumpencorpo. O Lumpencorpo proletário, precarizado. Corpo devastado, bombardeado. Corpo suicidado, decorrência da necropolítica heterocapitalista, heterocolonial.

A gramática masculinista, heterociscolonial – branca, portanto –, Preciado bem nos colocou, está pautada na epistemologia da diferença sexual-binária e na premissa fálica. Lembremos, igualmente, como alertou Butler: a heteronormatividade não problematizada possuiu consequências misóginas.

Parece que há, de partida, uma condição de responsabilidade das(es) psicanalistas: problematizar o heteropatriarcado colonial racista, a epistemologia da diferença sexual, com os limites impostos do masculino e do feminino e a premissa fálica.

O que ocorreria se a psicanálise situasse a premissa fálica? Se pudesse localizá-la como um caso particular (bastante atrelado à neurose de Freud)? O que ocorreria com a psicanálise se ela, enquanto campo, pudesse se abrir a experiências não fálicas, do não absoluto? (Note-se que estou propondo que o não todo possa ser lido como não absoluto em vez do não todo fálico, isso porque, vimos debatendo, a última escrita ainda aparece atrelada ao referente fálico.)

Jota Mombaça poetiza em barricada: corpo macho castrado de cu!

Genial esse trânsito que aponta a castração enquanto castração do furo. Pergunta: o erotismo da premissa fálica seria castrado de cu? O suposto universal é castrado de cu? O não-todo suporia e suportaria corpas com furos?

---

3 Ibid.

Como questionar a premissa fálica, retirando-a da condição universal?

Uma citação de Preciado:

> *Como homem trans, desidentifico-me da masculinidade dominante e de sua definição necropolítica. Nossa maior urgência não é defender o que somos (homens ou mulheres), mas rejeitá-lo, desidentificar-nos da coação política que nos força a desejar a norma e a repeti-la. Nossa práxis produtiva é desobedecer às normas sexuais e de gênero.*[4]

Uma conversa aqui com Kaio Lemos, homem-trans e autor do livro *No candomblé quem é homem e quem não é?*. "Masculinidade não se discute. Ela é. É hegemônica. Ela é posta e pronto. Estamos agarrados nessa ideia de masculinidade branca, heterossexual, de macho divinizado... e ninguém problematiza isso, né?!"[5]

Desobedecer e – acrescentemos – desmantelar implicam enfrentar o regime político da hetero-cis-normatividade. Discutir os lugares hegemônicos.

Pois bem, em sua conferência aos psicanalistas na França, Preciado critica o tema do encontro na ocasião, um tema que nos é bastante familiar: a questão das mulheres em psicanálise – o que aponta diretamente para a ausência de congressos para tratar dos homens ou das masculinidades em psicanálise. Prova, dessa maneira,

---

4 Preciado, P. B. (2020a). Um apartamento em Urano: crônicas da travessia, p. 316. Zahar.

5 Fala de Kaio Lemos transcrita a partir do documentário de E. Maranhão *Transversais* (2022).

o indiscutível da masculinidade hegemônica e a urgência em fazer disso um problema:

Todo o edifício freudiano está pensado a partir da posição da masculinidade patriarcal, do corpo masculino heterossexual compreendido como um corpo com pênis ereto, penetrante e ejaculador; é por isso que as "mulheres" na psicanálise, esses estranhos animais (por vezes) equipados com úteros reprodutivos e clitóris, são sempre e continuarão a ser um problema. É por isso que, em pleno 2019, as senhoras e os senhores ainda precisam de uma jornada especial para falar das "mulheres na psicanálise".[6]

Preciado denuncia a participação da psicanálise na sustentação do universal. Ao manter o homem como hegemônico:

Seria preciso antes organizar um encontro sobre "homens brancos heterossexuais e burgueses na psicanálise", porque a maior parte dos textos e práticas psicanalíticas giram em torno do poder discursivo e político desse tipo de animal: um animal necropolítico que vocês tendem a confundir com o "humano universal", e que permanece, até o presente, o sujeito da enunciação central nos discursos e nas instituições psicanalíticas da modernidade colonial.[7]

---

6 Preciado, P. B. (2020). *Um apartamento em Urano: crônicas da travessia* (p. 58). Zahar.

7 Ibid., p. 15

282 A-PRECI(A)ÇÕES

Sim, em psicanálise, seguimos a mais caricata assertiva, segundo a qual só a mulher é enigma. O enigma da feminilidade, o enigma do corpo feminino.

O enigma sexual aparta o universal, colocando-o e recolocando-o, a cada vez, no inabalável lugar hegemônico. Dominação reeditada, resta, ao campo Outrificado, o enigmático, o místico, o espiritual – o objeto, o abjeto, o dejeto – o sem palavras, o fora do saber, a loucura – mais, ainda: a redução ao corpo e a reverência (referência) ao falo.

Visando à ruptura com as designações de gênero e sexualidades que se colocam no escopo da diferença sexual binária, hetero-cis-coloniais, com ereções universais e consequências misóginas, Preciado propõe-nos uma desidentificação. Desobediência de gênero.

> *Se o regime da diferença sexual pode ser concebido como um arcabouço semiotécnico e cognitivo que limita nossa percepção, nossa forma de sentir e de amar, a jornada da transexualidade, por tortuosa e desigual que possa parecer, me permitiu experimentar a vida e a percepção fora desses limites.*[8]

Acompanhemos um trecho do livro de Letícia Nascimento, *Transfeminismo*, da coleção Feminismos Plurais, coordenada por Djamila Ribeiro:

> *Particularmente, como travesti, tive, desde a infância, uma experiência cruel com o machismo e o sexismo, que cercavam o meu poder de autodefinição, já que não me reconhecia no papel de gênero masculino que me era imposto. Apesar das dores, sempre tive respiros,*

---

8 Ibid., p. 25

prazeres clandestinos de uma infância transviada... No encontro com as normas de regulação de meu gênero, a infância foi um laboratório inventivo de outras corporalidades generificadas, isto é, outros modos de produzir corporalidade e gêneros. Compreendendo que não somos naturalmente generificados, mas que é um processo de produção de nós, de nossos gêneros, de nossos corpos. Durante toda a infância e adolescência, período de descobertas, a ideia de "E eu não sou uma mulher?[9]" sempre esteve presente, ainda que de outros modos, com outras palavras. A pergunta era como um sonho que se repetia todas as noites, um sonho muito desejado, embora às vezes fosse um pesadelo, repleto de medos, ameaças e escárnios. Eu vivia um lugar que, para muitos, é um não lugar – mas era um mundo só meu. Não estava em nenhuma margem do rio. Eu pensava que só poderia existir uma margem para o gênero masculino e outra para o gênero feminino. Rompendo com essa realidade, eu escolhi ser o próprio rio que corre veloz para além

---

9 Letícia Nascimento, aqui, faz referência ao discurso de Sojourner Truth. Citemos o que Nascimento (2021) destaca sobre ele: "O discurso histórico proferido em 1851, em Ohio, nos Estados Unidos, por Sojourner Truth, traz a seguinte pergunta: e eu não sou uma mulher? A pergunta desestabiliza a concepção homogênea universal de mulher, e a toma como ponto de partida para desenvolver uma das discussões sobre transfeminismo. Sojourner, mulher negra, traz à tona o fato de que mulheres negras vivem suas feminilidades de forma diferente das mulheres brancas. E essa diversidade de experiências femininas tomará ênfase com os redimensionamentos em torno da categoria de gênero. A interrogação de se nós, mulheres transexuais e travestis, somos ou não mulheres, é um martelar constante, dúvida produzida pelo não enquadramento de nossas experiências dentro do sistema colonial moderno de gênero" (p. 17).

284 A-PRECI(A)ÇÕES

> *do vale, para um lugar onde se fazer era possível no confronto com algumas regras impostas.*[10]

Nascimento procura debater "sobre os não lugares ocupados pelas mulheres trans dentro do Cistema de sexo-gênero-desejo e sobre a importância de garantir que as outreridades ocupem espaço dentro do escopo feminista".[11]

Sobre as margens binárias, pontuemos que Lacan sobremaneira manteve-se firme naquilo. Cito Lacan: "a que a gente se limita, enfim, para classificá-los, masculino ou feminino, no estado civil". E isso em uma passagem fundamental, na qual falava sobre o autorizar-se de si mesmo, referente ao ser sexuado:

> *O ser sexuado não se autoriza senão por ele mesmo. É nesse sentido que, que há escolha, quero dizer que aquilo a que a gente se limita, enfim, para classificá-los masculino ou feminino, no estado civil, enfim, isso, isso não impede que haja escolha. Isto, certamente todo mundo sabe. Ele não se autoriza senão por ele mesmo e eu acrescentaria: e por alguns outros.*[12]

Lacan segue apoiado nos limites (lembremos que essa é uma noção da matemática de que Lacan lança mão para falar sobre os sexos) do que designa por homem e mulher/ou masculino e feminino/ou macho e fêmea.

---

10 Nascimento, L. (2021). *Transfeminismo* (pp. 19-20). Jandaíra.

11 Ibid., p. 44

12 Lacan, J. (1973/1974). O Seminário 21: Les non-dupes errent. Aula de 9 abr. 1974. (Trabalho inédito)

Enquanto a psicanálise lacaniana mantém as margens, Letícia nos ensina que é possível ser rio.

Lembremos que, quando Helena Vieira veio nos falar,[13] ela ressaltou que o transfeminismo e os movimentos *queer* não precisam da psicanálise.

Novamente, Preciado:

> *Como a psicanálise e a psicologia normativa dão um sentido aos processos de subjetivação de acordo com o regime da diferença sexual, do gênero binário e heterossexual, toda sexualidade não heterossexual, todo processo de transição de gênero ou toda a identificação de gênero não binária dispara uma proliferação de diagnósticos.*[14]

Sabemos dos diagnósticos transfóbicos vindos da psicanálise: antes, com Lacan, eram psicóticos, agora, se trataria, segundo alguns analistas, de histerias, narcisismos, homofobia etc.

Também sabemos das resistências e censuras que esses temas produzem.

A proliferação de diagnósticos advém de uma lente bastante específica com a qual a psicanálise opera, aquela da diferença sexual:

> *Em primeiro lugar, o regime da diferença sexual que as senhoras e os senhores consideram universal e quase*

---

13 Evento realizado na sede do Fórum do Campo Lacaniano de São Paulo, dia 30 de maio de 2022, com o título "Vozes às margens, vozes possíveis". Contou com as convidadas Helena Vieira e Carla Rodrigues e com Sheila Finger e Vinícius Lopes como debatedores.

14 Preciado, P. B. (2022). *Eu sou o monstro que vos fala: relatório para uma academia de psicanalistas* (p. 52). Zahar.

286 A-PRECI(A)ÇÕES

metafísico, sobre o qual repousa e se articula toda a teoria psicanalítica, não é uma realidade empírica, nem uma ordem simbólica fundadora do inconsciente. Não é nada mais que uma epistemologia do ser vivo, uma cartografia anatômica, uma economia política do corpo e uma gestão coletiva das energias reprodutivas. Uma epistemologia que se forja junto com a taxonomia racial no período de expansão mercantil e colonial europeia e se cristaliza na segunda metade do século XIX.[15]

E Preciado nos situa historicamente:

É interessante pensar que a psicanálise freudiana, enquanto teoria do aparelho psíquico e prática clínica, foi inventada precisamente no momento em que se cristalizavam as noções centrais da epistemologia das diferenças racial e sexual.[16]

Além de situar historicamente o momento de cristalização da epistemologia da diferença sexual e da noção de raça (frisemos: não trans-historicamente, como alguns defensores da premissa fálica e da "estrutura universal" argumentam), Preciado nos mostra que a psicanálise não apenas nasce nesse contexto histórico, como também, bastante condizente com ele, ajuda a sustentá-lo:

A psicanálise não trabalha apenas dentro e com essa epistemologia da diferença sexual, mas, ouso dizer, foi fundamental na conquista e na fabricação das "psiques"

---

15 Ibid., p. 49
16 Ibid., pp. 55-56

> *feminina e masculina, assim como das tipologias heteros-*
> *sexuais e homossexuais, que formam um dos principais*
> *eixos do regime patriarco-colonial. A epistemologia da*
> *diferença sexual não é externa à psicanálise: é a condição*
> *interna e imanente de toda a teoria psicanalítica da*
> *sexualidade.*[17]

E também:

> *As senhoras e os senhores já não podem recorrer aos*
> *textos de Freud ou de Lacan como se eles tivessem um*
> *valor universal, não situado historicamente, como se não*
> *tivessem sido escritos no interior dessa epistemologia da*
> *diferença sexual.*[18]

Interessante que possamos, a um só tempo, situar os universais da psicanálise, proceder rupturas e reconhecer brechas, caminhos forçados e até escandalosos e subversões advindos de nosso campo. Não se trata, evidentemente, de responder a uma totalidade com outra. Ou de pura destruição, mas, ao contrário, de aposta(s).

Com Freud e Lacan, a psicanálise deu alguns passos nos entremeios da sexuação, da abertura inconsciente, dos jogos linguageiros, do corpo-pulsão-gozo-cifra, mas construiu alguns edifícios, portos, referências e limites bastante condizentes com o *status quo*: Édipo, Nome-do-Pai, referência fálica, Universal-Homem, a Mulher barrada-enigma, Outrificada etc.

Em Lacan, destacamos aforismos e algumas passagens que trazem respiros à nossa práxis: não há relação/proporção sexual (não há

---

17 Ibid., p. 56
18 Ibid., p. 85

complemento), não há norma sexual, não há x inscritível na função sexuação, ou seja, a sexuação não se escreve, não se predica, não se qualifica. O ser sexuado se autoriza de si mesmo (com alguns outros, em enlaces, desenlaces etc.). A sexuação, os modos pelos quais os seres sexuados fazem corpo, por essas trilheiras, seria ilegível e enigmática. É porque não há o que a escreva que é preciso inventar. E é possível inventar além das normas. O impossível, o real, o que não se adequa: persiste, grita, vocifera ou fala baixinho, mas teima em dizer.

Em uma interessante passagem, Lacan[19] afirmara que há norma social porque não há norma sexual. Pois bem, as normas podem ser lidas, por aí, como escritas contumazes do que não se escreve. Sabemos, entrementes, que muitas corpas tornam-se matáveis por conta da compulsoriedade de tais normas.

Podemos pensar que, diante dos "não há" – norma sexual, relação sexual, inscrição legível sexual, inscrição inconsciente da diferença sexual binária –, cada ser falante fundaria seu modo de sexuação (que igualmente pode não permanecer fixo e unívoco no tempo). Diante do enigma – Real – do corpo sexuado (um corpo erógeno, com furos e bordas, e que porta, também, uma materialidade), diante do estranhamento radical de cada ser falante com o pulsar êxtimo (a um só tempo alheio e íntimo) de um corpo-cifra-furado, a sexuação constela e não cessa de se inventar?

Não obstante os importantes desdobramentos acerca do que temos pensado com os "não há" propostos por Lacan, a psicanálise lacaniana segue nos limites do binarismo, mantém a referência fálica (tanto na colagem Homem-Universal-Falo como com o

---

19 Lacan, J. (1973). *Declaration à France-Culture à propos du 28e Congrès Internatio-nal de Psychanalyse*. https://ecole-lacanienne.net/wp-content/uploads/2016/04/Declaration_a_france_culture_1973.pdf.

não-todo-fálico) e insiste na Outrificação da Mulher. Mantém-se, portanto, bastante afinada com a epistemologia patriarcal da diferença sexual.

Podemos dizer, com isso, que o aforismo "não há relação sexual" não desmancha o problema da diferença sexual em Lacan. Como ele mesmo disse, o fato de não haver relação sexual (e ter feito disso um axioma) não significa que eles, os sexos, sejam os mesmos. Não significa abolir a diferença dos sexos. Ou seja, Lacan mantém a diferença sexual sob a equivocada justificativa segundo a qual a ruptura com a diferença sexual redundaria no Mesmo (e não na diferença absoluta, radical). Para Lacan, a diferença sexual – binária – está posta. Que a relação sexual não exista, isso não nos retira dos limites do masculino e do feminino.

(Penso, inclusive, que a confusão entre os termos Homem e Mulher e o aforismo "não há relação sexual" faz com que muitos leitores de Lacan o defendam da crítica ao binarismo.)

E, sublinhemos, ao não abrirmos mão dos "significantes" Homem e Mulher, em referência à sexuação, semblantes ou não, apelamos à reprodução do mesmo – repetindo essencialismos e substancialismos.

Como podemos pensar uma psicanálise não engessada nos regimes sexo/gênero/sexualidades da hetero-cis-normatividade colonial?

Quais rupturas epistemológicas nos seriam necessárias para que possamos de fato falar sobre uma psicanálise descolonial?

Não são poucas as vozes que nos chamam a uma ruptura. Ruptura com a epistemologia patriarcal da diferença sexual.

Desobedeceríamos, destarte, o universal da premissa fálica, a proposta do não-todo-fálico, o binarismo restritivo e a hetero-cis-normatividade em uma nova orientação não-toda?

Quiçá possamos romper com a epistemologia da diferença sexual se tratarmos a sexuação com pontos não afirmativos: o não inscritível e o não-todo (como não-absoluto). Estaríamos às voltas com a diferença radical que colocaria o não-todo como, a um só tempo, possível e contingente. Não estaríamos, assim, na lógica do Mesmo nem na divisão entre o Um e o Outro. Entre o Um e a alteridade, o que redunda em segregações.

Como seria abrirmos nossas escutas para o que aparece na clínica fora da lógica fálica? É posto que nos trâmites das normatividades haverá premissa fálica, sustentação fálica etc., mas, por barricadas (para voltar ao dizer de Jota Mombaça)[20] ou guerrilhas artísticas (aproveitando um termo de Décio Pignatari),[21] podemos dizer que há possibilidade de uma luta pelo não-todo que não esteja referenciado no falo. O não-todo, constelar, pode ser o não-absoluto.

Retomando Preciado:

> *é impossível dizer que há cerca de seis anos era* simplesmente *uma mulher e que dali em diante me converti* simplesmente *em um homem. Prefiro minha nova condição de monstro à de homem ou mulher, porque ela é como um passo que avança no vazio, indicando a direção de um outro mundo. Não falo aqui do corpo vivo como um objeto anatômico, mas como aquilo que chamo de "somateca", um arquivo político vivo.*[22]

---

20 Mombaça, J. (2021). *Não vão nos matar agora*. Cobogó.

21 Pignatari, D. (1967/2004). Teoria da guerrilha artística. In D. Pignatari, *Contra comunicação* (p. 158). Ateliê Editorial.

22 Preciado, P. B. (2022). *Eu sou o monstro que vos fala: relatório para uma academia de psicanalistas* (p. 36). Zahar.

Avançar no vazio a caminho de outro mundo! Como também pontuou Jota Mombaça:

> *O apocalipse deste mundo parece ser, a esta altura, a única demanda política razoável. Contudo é preciso separá-la da ansiedade quanto à possibilidade de prever o que há de sucedê-lo. . . . Recusar-se a oferecer alternativas não é, portanto, uma recusa à imaginação, mas um gesto na luta para fazer da imaginação não uma via para o recentramento do homem e a reestruturação do poder universalizador, mas uma força descolonial que libere o mundo por vir das armadilhas do mundo por acabar.*[23]

Retomo a questão da responsabilidade (relembrando que Lacan dissera que a responsabilidade, em psicanálise, é responsabilidade sexual) e do Ato:

A proposta de Preciado:

> *Para falar de sexo, de gênero e de sexualidade é preciso começar com um ato de ruptura epistemológica, uma condenação categórica, uma quebra da coluna conceitual que permita uma primeira emancipação cognitiva: é preciso abandonar totalmente a linguagem da diferença sexual e da identidade sexual (inclusive a linguagem da identidade estratégica como quer Spivak).*[24]

---

23 Mombaça, J. (2021). *Não vão nos matar agora* (pp. 81-83). Cobogó.
24 Preciado, P. B. (2020). *Um apartamento em Urano: crônicas da travessia* (p. 141). Zahar.

292 A-PRECI(A)ÇÕES

Um ato de ruptura. Um ato de ruptura desamarrado do mundo e das coordenadas de dominação que construímos até o presente. Como trazer tal ato para a corpa psicanalítica? Perguntemos: o que pode o Korpo, com K? Com outra escrita. Um Korpo com furos. A suspensão do binarismo. Não redundaríamos no mesmo (afinal, do mesmo a psicanálise está plena). Podemos suportar o enigma-cifra da diferença absoluta sem recairmos nos familiares regimes de exclusão? Sem remontarmos à lógica da alteridade para "algumas/algumes"? Sem a série dos sujeitos Outrificados que se referem e que remetem à lógica fálica?

Mais ainda, como romper com a epistemologia patriarcal da diferença sexual que nos constitui enquanto campo sem procedermos a uma crítica ampla aos nossos constructos e fundamentos? Como podemos romper com o regime da diferença sexual se, porventura, negamos que a psicanálise é binária e heterocisnormativa? Como avançar se precisamos manter intactos, todos e inquestionáveis, os Pais nossos?

Com Preciado:

> *Peço, por favor, que não tentem negar a cumplicidade da psicanálise com a epistemologia da diferença sexual heteronormativa. Ofereço às senhoras e aos senhores a possibilidade de uma crítica epistemológica das suas teorias psicanalíticas, a oportunidade de uma terapia política das suas próprias práticas institucionais. Mas esse processo não pode ser feito sem uma análise exaustiva de seus pressupostos. Não os recalquem, não os neguem, não os reprimam, não os desloquem.*[25]

---

25 Preciado, P. B. (2022). *Eu sou o monstro que vos fala: relatório para uma academia de psicanalistas* (p. 57). Zahar.

E também: "Diante de uma psicanálise despolitizada, precisamos de uma clínica radicalmente política, que comece com o processo de despatriarcalização e de descolonização do corpo e do aparelho psíquico".[26]

Mais um trecho:

> *Vocês não podem mais continuar falando do complexo de Édipo ou do Nome-do-pai em uma sociedade que pela primeira vez na história reconhece seu funcionamento feminicida, onde as vítimas da violência patriarcal se expressam para denunciar pais, maridos, chefes, melhores amigos; onde mulheres denunciam a política institucionalizada do estupro, onde milhares de corpos ocupam as ruas para denunciar as agressões homofóbicas e as mortes quase cotidianas de mulheres trans, assim como as formas institucionais de racismo. As senhoras e os senhores não podem mais continuar a afirmar a universalidade da diferença sexual e a estabilidade das identificações heterossexuais e homossexuais em uma sociedade na qual mudar de gênero [lembremos do registro civil que Lacan colocara como limite] ou se identificar como uma pessoa de gênero não binário é uma possibilidade legal, em uma sociedade na qual há milhares de crianças nascidas em famílias não heterossexuais e não binárias. Continuar a praticar a psicanálise a partir da noção de diferença sexual, e usando instrumentos clínicos como complexo de Édipo, é hoje tão aberrante como pretender continuar a navegar pelo universo com uma carta geocêntrica*

---

26 Ibid., p. 61

294   A-PRECI(A)ÇÕES

> *ptolomaica, negar as mudanças climáticas ou afirmar*
> *que a Terra é plana.*[27]

Por fim:

> *A psicanálise está diante de uma escolha histórica sem*
> *precedente: ou continua a trabalhar com a antiga epis-*
> *temologia da diferença sexual e a legitimar o regime*
> *patriarco-colonial que a sustenta, tornando-se assim*
> *responsável pelas violências que produz, ou então se*
> *abre a um processo de crítica política de seus discursos*
> *e práticas.*
>
> *Essa segunda opção implica começar um processo de des-*
> *patriarcalização, deseterossexualização e descolonização*
> *da psicanálise – como discurso, narrativa, instituição*
> *e prática clínica. A psicanálise precisa entrar em um*
> *processo crítico de retroalimentação com as tradições de*
> *resistência política transfeministas se quiser deixar de*
> *ser uma tecnologia de normalização heteropatriarcal e*
> *de legitimação da violência necropolítica para se tornar*
> *uma tecnologia de invenção de subjetividades dissidentes*
> *frente a norma. . . . Psicanalistas pela transição: uni-vos.*
> *Construamos juntes uma saída!*
>
> *Ao contrário do que os mais conservadores entre as*
> *senhoras e os senhores poderiam imaginar, aqueles que*
> *temem que uma psicanálise desprovida da epistemologia*
> *da diferença sexual acabe sendo desfigurada, digo apenas*
> *que somente essa transformação pode fazer a psicanálise*

---

27 Ibid., pp. 85-86

> *sobreviver. . . . Apelo ardentemente a uma transformação da psicanálise, à emergência de uma psicanálise mutante, à altura da mudança de paradigma que vivemos.*
>
> *Talvez apenas esse processo de transformação, por mais terrível e desmantelador que possa parecer, mereça hoje ser chamado de psicanálise.*[28]

Sim. Por que não?! Para que possamos seguir chamando a práxis que nos orienta de psicanálise, deixemo-nos causar por esse processo de despatriarcalização, deseterossexualização e descolonização de seus terrenos. Que as margens (e limites) se abram. Que as mudanças de paradigmas nos afetem.

Sim, por que não?! Por uma psicanálise mutante!

---

28 Ibid., pp. 89-90

Referências

Adorno, T. W. (2009). *Dialética negativa*. Jorge Zahar. (Trabalho original de 1970)

Almeida, S. L. (2019). *Racismo estrutural*. Pólen.

Artaud, A. (s.d.). O teatro da crueldade (primeiro manifesto) In A. Artaud, *O teatro e seu duplo*. Martins Fontes.

Artaud, A. (s.d.). O teatro da crueldade (segundo manifesto) In A. Artaud, *O teatro e seu duplo*. Martins Fontes.

Ayouch, T. (2015, jun.). Da transsexualidade às transidentidades: psicanálise e gêneros plurais. *Percurso*, *28*, 23-32.

Ayouch, T. (2016). Quem tem medo dos saberes T.? Psicanálise, estudos transgêneros, saberes situados. *Revista Periódicus*, *1*(5). https://periodicos.ufba.br/index.php/revistaperiodicus/article/view/17171/1132.

Badiou, A. (1996). *O ser e o evento*. Zahar.

Ballard, J. G. (s.d.). *A Gioconda do meio-dia crepuscular*. https://epdf.tips/download/la-gioconda-del-mediodia-crepuscular.html.

298 REFERÊNCIAS

Beauvoir, S. (2016). *O segundo sexo*. Nova Fronteira. (Trabalho original de 1949)

Benjamin, W. (1984). Visão do livro infantil. In W. Benjamin, *Reflexões: a criança, o brinquedo, a educação*. Summus.

Benjamin, W. (1994). O surrealismo: o último instantâneo da inteligência europeia. In W. Benjamin, *Obras escolhidas*. Brasiliense. (Trabalho original de 1929)

Benjamin, W. (2016). *Origem do drama trágico alemão*. Autêntica. (Trabalho original de 1925)

Benjamin, W. (2020). *Sobre o conceito de história* (A. Müller & M. Seligmann-Silva, Trad.). Alameda. (Trabalho original de 1940)

Bento, C. (2022). *O pacto da branquitude*. Companhia das Letras.

Butler, J. (2018). *Problemas de gênero: Feminismo e subversão da identidade*. Civilização Brasileira. (Trabalho original de 1990)

Butler, J. (2019). *Corpos que importam: os limites discursivos do "sexo"*. n-1 edições.

Celan, P. (1996). *O meridiano*. In P. Celan, *Arte poética*. Cotovia. (Trabalho original de 1960)

Collins, P. H., & Bilge, S. (2021). *Interseccionalidade* (R. Souza, Trad.). Boitempo.

Davis. A. (2018). *A liberdade é uma luta constante* (H. R. Candiani, Trad.). Boitempo. (Trabalho original de 2016)

Deleuze, G. (2019). *Lógica do sentido*. Perspectiva. (Trabalho original de 1969)

Dias, M. M. (2020). *O discurso da estupidez*. Iluminuras.

Elia, L. (s.d.). *Efeitos da colonização na psicanálise: o lugar do Brasil e da língua portuguesa*. https://www.n-1edicoes.org/efeitos-da-colonizacao-na-psicanalise?.

Fanon, F. (2008). *Pele negra, máscaras brancas*. Edufba. (Trabalho original de 1952)

Faustino, D. (s.d.). *Frantz Fanon e o mal-estar colonial: algumas reflexões sobre uma clínica da encruzilhada*. https://www.n-1edicoes.org/frantz-fenon-e-o-mal-estar-colonial-algumas-reflexoes-sobre-uma-clinica-da-encruzilhada.

Federici, S. (2017). *Calibã e a bruxa: mulheres, corpo e acumulação primitiva*. Elefante.

Freud, S. (1988). Achados, ideias, problemas. In S. Freud, *Edição standard brasileira das obras psicológicas completas de Sigmund Freud* (Vol. XXIII). Imago. (Trabalho original de 1938)

Freud, S. (1996). O ego e o id. In S. Freud, *Edição standard brasileira das obras psicológicas completas de Sigmund Freud*. Imago. (Trabalho original de 1923)

Goethe, J. W. (2011). *Fausto* (Vol. I). Editora 34.

Gonzalez, L. (2020). *Por um feminismo afro-latino-americano*. Zahar.

Gross, O. (2017). Sobre a simbologia da destruição. In M. Checchia & P. S. Souza Jr. (Orgs.), *Por uma psicanálise revolucionária*. Annablume. (Trabalho original de 1914)

Han, B.-C. L. (2017). *Agonia do Eros*. Vozes.

Handke, P. (2014). *Os belos dias de Aranjuez: um diálogo de verão*. Documenta.

hooks, b. (1995, 2º semestre). Intelectuais negras (M. Santarrita, Trad.). *Estudos feministas, 3*. https://www.geledes.org.br/wp-content/uploads/2014/10/16465-50747-1-PB.pdf.

hooks, b. (2019). *Erguer a voz: pensar como feminista, pensar como negra*. Elefante.

Horkheimer, M., & Adorno, T. W. (1973). Ideologia. In *Temas básicos de sociologia* (A. Cabral, Trad.). Cultrix. (Trabalho original de 1956)

300 REFERÊNCIAS

Horkheimer, M., & Adorno, T. W. (1991). *Dialética do esclarecimento*. Jorge Zahar.

Jacoby, R. (1977). *Amnésia social: uma crítica à psicologia conformista, de Adler a Laing*. Zahar.

Kilomba, G. (2019). *Memórias da plantação*. Cobogó.

Klemperer, V. (2009). *LTI*. Contraponto.

Konder, L. (1999). *Walter Benjamin: o marxismo da melancolia*. Civilização Brasileira.

Kopenawa, D., & Albert, B. (2015). *A queda do céu: palavras de um xamã yanomami*. Companhia das Letras.

Lacan, J. (1973). *Declaration à France-Culture à propos du 28e Congrès International de Psychanalyse*. https://ecole-lacanienne.net/wp-content/uploads/2016/04/Declaration_a_france_culture_1973.pdf.

Lacan, J. (1973/1974). *O Seminário 21: Les non-dupes errent*. (Trabalho inédito)

Lacan, J. (1975). *Conferência em Genebra sobre o sintoma*. (Trabalho inédito)

Lacan, J. (1985). *O Seminário, livro 20: mais, ainda (1972-1973)*. Zahar.

Lacan, J. (1976/1977). *O Seminário 24: L'insu que sait de l'une-bévue s'aile à mourre*. (Trabalho inédito)

Lacan, J. (2000). *O Seminário 25: o momento de concluir (1977-1978)* (J. Gerbase, Trad.). https://docero.com.br/doc/1e8x0sx. (Trabalho inédito)

Lacan, J. (1997). *O saber do psicanalista (1971-1972)*. Centro de Estudos Freudianos do Recife. (Publicação para circulação interna)

Lacan, J. (1998). Função e campo da fala e da linguagem em psicanálise. In J. Lacan, *Escritos*. Jorge Zahar. (Trabalho original de 1953)

Lacan, J. (2003). Televisão. In J. Lacan, *Outros escritos*. Jorge Zahar. (Trabalho original de 1974)

Lacan, J. (2005). *O Seminário, livro 10: a angústia (1962-1963)*. Jorge Zahar.

Lacan, J. (2007). *O Seminário, livro 23: o sinthoma (1975-1976)* (S. Laia, Trad.). Jorge Zahar.

Lacan, J. (2009). *O Seminário, livro 18: de um discurso que não fosse semblante (1971)*. Zahar.

Lorde, A. (2019). *Irmã outsider* (S. Borges, Trad.). Autêntica. (Trabalho original de 1984)

Lemebel, P. (s.d.). *Falo por minha diferença*. https://www.escritas.org/pt/t/47938/manifesto-falo-por-minha-diferenca.

Lugones, M. (2008). *Colonialidade e gênero*. https://bazardotempo.com.br/colonialidade-e-genero-por-maria-lugones-2/.

Marques, O. H. D. (2017). *Contribuições para a compreensão do nazismo: a psicanálise e Erich Fromm*. WMF Martins Fontes

Marx, K. (1985). A assim chamada acumulação primitiva. In K. Marx, *O capital* (Livro Primeiro, Vol. II, Cap. XXIV). Nova Cultural. (Trabalho original de 1867)

Marx, K. (2006). *Sobre o suicídio*. Boitempo. (Trabalho original de 1846)

Matos, O. C. F. (1993). *O iluminismo visionário: Benjamin, leitor de Descartes e Kant*. Brasiliense.

Mbembe, A. (2018). *Necropolítica*. n-1 edições.

Mignolo, W. D. (2019). La descolonialidad del vivir y del pensar: desprendimiento, reconstitución epistemológica y horizonte histórico de sentido. In W. D. Mignolo (Org.), *Aníbal Quijano: ensayos en torno a la colonialidad del poder*. Del Signo.

Mombaça, J. (2021). *Não vão nos matar agora*. Cobogó.

Nascimento, L. (2021). *Transfeminismo*. Jandaíra.

Nogueira, I. B. (2017). *Cor e inconsciente*. In N. M. Kon, M. L. Silva & C. C. Abud, *O racismo e o negro no Brasil*. Perspectiva.

Oyêwùmí, O. (2021). *A invenção das mulheres: construindo um sentido africano para os discursos ocidentais de gênero* (W. F. do Nascimento, Trad.). Bazar do Tempo. (Trabalho original de 1997)

Pignatari, D. (2004). Teoria da guerrilha artística. In D. Pignatari, *Contracomunicação*. Ateliê Editorial. (Trabalho original de 1967)

Preciado, P. B. (2020). *Um apartamento em Urano: crônicas da travessia*. Zahar.

Preciado, P. B. (2020). *Yo soy el monstruo que os habla: informe para uma academia de psicoanalistas*. Cadernos Anagrama.

Preciado, P. B. (2022). *Eu sou o monstro que vos fala: relatório para uma academia de psicanalistas*. Zahar.

Quijano, A. (2005). Colonialidade do poder, eurocentrismo e América Latina. In E. Lander (Orgs.), *A colonialidade do saber: eurocentrismo e ciências sociais. Perspectivas latino-americanas*. Clacso http://biblioteca.clacso.edu.ar/clacso/sur-sur/201006241 03322/12_Quijano.pdf.

Quijano, A. (2014). Poder y democracia en el socialismo. Clacso http://biblioteca.clacso.edu.ar/clacso/se/20140506052228/eje2-6.pdf.

Quijano, A. (2019). Colonialidad del poder y subjetividade em America Latina. In W. D. Mignolo (Org.), *Aníbal Quijano: ensayos en torno a lacolonialidad del poder*. Del Signo.

Rubin, G. (2017). *O tráfico de mulheres*. Ubu. (Trabalho original de 1975)

Saint-Exupéry, A. (1982). *O pequeno príncipe*. Agir. (Trabalho original de 1943)

Sin-léqi-unnínni. (2019). *Epopeia de Gilgámesh: ele que o abismo viu* (J. L. Brandão, Trad. do acádio, introdução e comentário). Autêntica.

Sombart, W. (1977). *El burgués*. Alianza Editorial. (Trabalho original de 1913)

Spivak, G. C. (1997). Feminismo e desconstrução, de novo: negociando com o masculinismo in confesso. In T. Brennan (Org.), *Para além do falo: uma crítica a Lacan do ponto de vista da mulher*. Rosa dos Tempos.

Spivak, G. C. (2014). *Pode o subalterno falar?* (S. R. G. de Almeida, M. P. Feitosa & A. Pereira, Trad.). UFMG. (Trabalho original de 1985)

Tomimatsu, M. F. (2017). *Kazuo Wakabayashi: um artista imigrante*. Porto de Ideias.

Truth, S. (1851). *E não sou uma mulher?* https://www.geledes.org.br/e-nao-sou-uma-mulher-sojourner-truth/?amp=1.

Vieira, H., & Fraccaroli, Y. (2021). Nem hétero, nem homo: cansamos. *Revista Cult*. https://revistacult.uol.com.br/home/nem-hetero-nem-homo-cansamos/.

Vieira Jr., I. (2021). *Torto arado*. Todavia.

Walls, N. (2001). *Desire, discord and death: approaches to ancient near Eastern myth*. American School of Oriental Research.

Wittig, M. (2022). *O pensamento hétero e outros ensaios* (M. M. Galvão, Trad.). Autêntica. (Trabalho original de 1992)

Série Dor e Existência

Os contrabandistas da memória, de Jacques Hassoun

De um Trauma ao Outro, de Colette Soler

Luto à flor da pele: as tatuagens in memoriam em leitura psicanalítica, de Miriam Ximenes Pinho-Fuse

A sobrevivência do desejo nos sonhos de Auschwitz, de Samantha Abuleac

Ensaios apócrifos: a-bordagens psicanalíticas, de Ana Paula Gianesi e Conrado Ramos